# 谐趣

## 数学教学的风景线

廖碧娥◎著

哈尔滨出版社

HARBIN PUBLISHING HOUSE

**图书在版编目（CIP）数据**

谐趣：数学教学的风景线 / 廖碧娥著 . — 哈尔滨：
哈尔滨出版社 , 2022.1

ISBN 978-7-5484-6429-7

Ⅰ . ①谐⋯ Ⅱ . ①廖⋯ Ⅲ . ①数学课—教学研究—中
小学 Ⅳ . ① G633.602

中国版本图书馆 CIP 数据核字（2022）第 014128 号

书　　名：**谐趣：数学教学的风景线**
XIEQU: SHUXUE JIAOXUE DE FENGJINGXIAN

作　　者：廖碧娥　著
**责任编辑：** 曹雪娇
**封面设计：** 笔墨书香

**出版发行：** 哈尔滨出版社（Harbin Publishing House）
社　　址：哈尔滨市香坊区泰山路82-9号　　**邮编：** 150090
经　　销：全国新华书店
印　　刷：武汉颜沫印刷有限公司
网　　址：www.hrbcbs.com　　www.mifengniao.com
E-mail：hrbcbs@yeah.net
**编辑版权热线：** （0451）87900271　87900272

开　　本：710mm×1000mm　　1/16　　**印张：** 13.75　　**字数：** 210千字
版　　次：2022年1月第1版
印　　次：2022年8月第2次印刷
书　　号：ISBN 978-7-5484-6429-7
定　　价：46.00元

# 前 言 | FOREWORD

从教 30 多年来，不管是在城区大型学校，还是在农村薄弱学校，我都牢记当初立下的誓言——当园丁培育百花，做黄牛无私奉献，在一方黑板前，用全部的深情和爱心浇灌稚嫩的幼苗，用满腔的热血谱写教育的乐章。30 多年的风雨兼程，我一直坚持实施"以生为本"的教育。不同年龄段学生的生理、心理特点是不一样的，学习基础、习惯、能力、意志也各不相同，同年龄段学生的家庭环境、性格特征、个性特长、学习能力也各有差异。这些差异导致每个学生的学习方式和兴趣爱好不一样。而传统教学方式以教师讲为主，学生被动听，这样的学习方式呆板枯燥，无法调动学生的学习兴趣。只有有趣的教学，才能激发学生的学习兴趣。只有基于学生个体的不同需求和学生年龄特征，了解学生在感知、意志、能力及兴趣爱好方面的不同，借助信息技术，创设情境，融合多种教学策略，构建适合学生年龄特征和个性特点的教学模式才能激发学生的学习兴趣，提高教学效率。为此，我秉承"以生为本"的教育理念，通过开展课题研究，不断改革教学方法，探索学生喜欢的教学模式，打造数学教学的风景线——谐趣。

1999 年，我开始进行"研究性学习教学模式"的实验研究，并在 2001 年形成了"发现问题—合作探究—解决问题—实践应用—拓展创新"这一研究性教学模式，形成了"信息技术条件下，如何指导学生学会学习、学会探究、努力创新"这一成果，该项成果 2003 年获广东省第四届普通教育教学成果奖二等奖。在我的指导下，一线教师们把这一研究成果应用于课堂教学后，学生的创新思维得到培养，他们敢想老师之未想，学老师之未教，教学成效显著。2003 年至 2009 年，在继续深化研究性学习基础上，我注重创新学习研究，提出开展"小学生创新学习教学模式实验研究""关于数学研究性学习过程与效果的评价研究"的实验，通过课题研究，进一步创新课堂教学策略；同时充分发挥评价的激励功能，激发学生开展研究性学习的主动性和积极性，培养学生勇于探索的创新精神和解决问题的能力。2009年，我把"创新学习""研究性学习"和"个性化学习"融合起来，开展了"现代教育技术环境下，构建个性化教学模式实验研究""网络环境下个性化学习实验研究"等实验，通过研发校本教材《数学课前小研究》，指导学生课前开展前置性学习。2014年，我开始对微课展开研究，探索翻转课堂、智慧课堂，开展了"小学生年龄特征与教学范式探索实验研究""信息技术支持下的小学数学个性化教学模式实验研究""基于可视化学习的微课资源开发与应用研究""小学数学谐趣教学实践研究"等课题研究。

30多年来，我落实"先学后教、以学定教"的教学理念，不断探索，不断打造数学教学的风景线——谐趣，形成了"聚焦个性，灵动谐趣"的教学策略，凝练出"根据学生年龄特征和个性特点，以信息技术为载体，构建合作学习小组，整合多种教学策略，融合研究性学习和个性化教学"的谐趣教学理论，树立了"以生为本"的教学主体观、"培养多元思维"的教学思维观、"注重学生发展"的教学评价观。

在谐趣教学路上，我先后开展了全国教育科学教育部十五规划课题"创新学习研究与实验"的子课题"小学生创新学习教学模式实验研究"，全国教育科学十五规划教育部重点课题"数学教学综合评价的方法与策略"的子课题"关于数学研究性学习过程与效果的评价研究"，广东省教育厅的课题"小学生年龄特征与教学范式探索实验""信息技术支持下的小学数学个性化教学模式实验研究""基于可视化学习的微课资源开发与应用研究""小学数学谐趣教学实践研究"，深圳市重点推广课题"以学定教实施谐趣教学的实践探索"，梅州市的课题"现代教育技术环境下，构建个性化教学模式实验研究""网络环境下个性化学习实验研究"等实验研究，并取得了突出成就。其中获省级以上奖励的成果有"信息技术条件下，如何指导学生学会学习、学会探究、努力创新""注重以学定教，实施谐趣教学——小学生年龄特征与教学范式探索实验""开展研究性学习，培养学生创新精神""研究性学习课堂教学策略初探""实施创新教育，培养创新能力""数学教学应重视学生创新思维的培养""课堂教学改革现状分析与改革方向""小学生创新学习教学模式研究""小学生创新学习教学模式研究""实施新课标，构建发展性教学评价的探索""以学定教实施谐趣教学的实践探索"等十多项。

本书只是书写了我在教学改革路上的一些探索和感悟，它反映了我稚嫩的教育思想和在教学实践中逐渐沉淀的谐趣教学风格，祈望各位专家和同行提出宝贵意见，以利于谐趣教学的研究向更深层次、更多维度展开，打造美丽的数学教学风景线。

本书的出版得到梅州市梅江区客都小学、作新小学、化育小学以及深圳市坪山区同心外国语学校同事们的大力支持，在此对各位同事的关心和支持表示衷心的感谢。特别是对黄柳梅、蔡盼盼、林旋清、张思维老师的认真校对，在此深表谢意。由于个人水平有限，不足和谬误之处在所难免，敬请各位读者批评指正。

廖碧娥

2021 年 5 月

# 目 录 | CONTENTS

# 第一章 课题研究打造数学教学的风景线

　　教育科研是小学教师寻找教育真谛的一把钥匙，教师在教学中以解决教育教学工作中的实际问题为立足点，以理论与实践相结合为生长点，以课堂教学为切入点，积极开展课题研究。通过课题研究，教师可以不断探索适合学生的教学方法，优化课堂教学，构建学生喜欢的教学模式，提高课堂教学效率，实现谐趣教学。

　　谐趣教学是一种以问题为主线，以情境为花絮，以信息技术为桥梁，以合作学习为载体，以创新思维为核心，以学生发展为目标，融合研究性学习和个性化教学的教学模式。该教学模式充分发挥了信息技术的作用，借助信息技术创设生动的情境，让学生学得有趣，借助微课使学生的研究性学习在任何时段都可以进行。在谐趣教学模式下，学生可以根据自己的实际情况有选择地开展研究性学习，在前置性学习过程中发现问题可以随时观看微课，释疑解惑；自己独立研究不能解决的问题，可通过课堂上的小组研究再进行解决。这样的教学模式有效地激发了学生学习的主动性和创造性。该教学模式通过采用"小组合作学习和个性化教学相融合"的课堂教学组织形式，借助信息技术整合课堂教学，运用故事导入法、趣味激励法、停顿吸引法、目光注视法、设疑激趣法等，发挥评价的激励功能，充分激发学生的学习兴趣。教学过程中，一方面借助小组合作，开展研究性学习，由邻座4人（差异性和互补性）组成合作学习小组；另一方面，关注学生个体差异，设计适合学生年龄特征的教学范式，让每一个学生都获得发展。

# 凸显素质教育的创新课堂

## 小学生创新学习教学模式实验研究

### 一、研究的背景、意义和思路

#### （一）研究的背景

21 世纪是科学技术高速发展、竞争日益激烈的信息时代，科学技术的飞速发展，同时也带来了产业结构的不断调整和职业的广泛流动性。所有这些都对未来人才素质的培养和教育提出了新要求。人才素质的提高必须依靠教育，而且必须依靠素质教育。只有全面实施素质教育，才能培养出全面发展的人才，进而提高民族素质。原国家教委（现教育部）在《关于当前积极推进中小学实施素质教育的若干意见》中做了明确解释："素质教育是以提高民族素质为宗旨的教育。它是依据《中华人民共和国教育法》规定的国家教育方针，着眼于受教育者及社会长远发展的要求，以面向全体学生、全面提高学生的基本素质为根本宗旨，以注重培养受教育者的态度、能力，促进他们在德智体等方面生动、活泼、主动地发展为基本特征的教育。"

"创新是一个民族进步的灵魂"。创新能激发人的创造性，培养创新型人才已成为当今世界教育改革的重要趋势。中共中央国务院《关于深化教育改革，全面推进素质教育的决定》明确提出："培养学生的创新精神和实践能力是实施素质教育的重点。"培养创新型人才，是教育的重大任务，也是教育自身面临的严峻挑战。实施科教兴国，必须以创新为纲，构建适应学生发展需要、科技进步需要、国家腾飞需要的创新教育。

客都小学开办于 2003 年 9 月，刚招收的一至六年级学生的基本素质较差，缺乏创新精神和动手能力，学生的学习积极性不高。传统的教学模式往往忽视学生的独立性、自主性、创造性以及动手实践能力，严重地抑制了学生好奇求知、探索创新的意识，缺乏对学生创新能力和动手能力的培养，没有做到"全面发展和面向全体"这一素质教育的基本要求，因此必须在全校进行教育教学的实验和改革。课堂是实施素质教育的主渠道，要提高教育水平，全面实施素质教育，提高课堂教学质量是关键。要实施素质教育，全面提高办学质量，必须以创新为纲，构建适应学生发展需要的创新学习教学模式。于是，我们结合我校实际提出了"小学生创新学习教学模式实验研究"这一课题。

### （二）研究的意义

为了更好地迎接21世纪科学技术和知识经济的挑战，每个人必须终身学习，不断调整、提高、发展自己。开展"小学生创新学习教学模式实验研究"这一课题研究既是时代的迫切需要，也是深入贯彻党中央、国务院决议的重要举措。本课题的指导思想是在"创新学习"理论基础上，初步构建创新学习的理论体系，对创新学习特征、教学原则等问题形成较系统的认识；通过创新教学模式，创新评价方式，开展素质提高班培训活动，构建活动课程体系，全面激发学生的学习兴趣，培养学生的自主意识和创新精神，组织他们参与各项实践活动，并在自主、合作的探究活动中发现问题、解决问题，激活学生的创新思维，实现在课堂教学中培养学生的"自主学习、合作探究、拓展创新"的能力，全面挖掘学生的潜能，培养学生的特长，促进学生素质的和谐发展，从而真正实现以生为本，凸显素质教育。因此，积极开展这一课题的实验研究，对于全面推进素质教育，具有极其重要的意义。

### （三）研究的思路

本课题研究的立足点是创新教学模式，凸显素质教育。结合我校实际，第一，完善学校的设备设施，为课题研究的开展提供物质保障；第二，以数学学科带动各学科开展实验，构建各学科创新学习教学模式，真正做到面向全体学生，重视学生实践技能和创新精神的培养，强化学生动手能力；第三，以校本课程和第二课堂为依托，构建活动课程体系，积极开展素质提高班培训活动，充分挖掘学生的潜能，使学生得到全面发展。具体来说，在办学理念方面，确立"全面推进素质教育，创办现代化学校"的办学方向，努力建设教学改革平台和素质教育培训基地，注重管理体制的创新；在人才培养模式方面，注重培养学生的素质，推进课程体系改革，为高一级学校输送"人格健全、身心健康、基础扎实、素质全面"的优秀学生；在学习环境方面，努力营造鼓励创新、鼓励探索、宽容失败的环境，形成学校素质教育文化；在实践教学改革方面，开创有利于培养学生素质的教学模式，加强理论与实践、教学与科研的结合，强化以素质教育为主线的活动课程体系。

## 二、实验研究的设计

### （一）实验研究的对象

客都小学一至六年级的学生。

### （二）实验研究的主要方法

1. 问卷调查法

根据本校学生实际，制订《客都小学学生创新学习情况调查问卷》，并根据调查情况，写好分析报告，拟订实验方案。

2. 自然实验法

本实验是在正常教学秩序下实施研究的，实验全过程保持在学校教学工作正常运转的自然状态下。

3. 点面结合法

本实验尊重学生的个体差异，教师运用教育学、心理学理论，创新学习知识，对不同学生进行具体指导，充分发挥学生的特长；同时帮助学生形成合作探究、讨论研究的学习习惯，从而促进学校素质教育的全面开展。

4. 实践检验法

通过多种渠道收集实验反馈的信息，并进行总结，形成论文、经验，并在教学实践中进行检验，创出优秀课例，培养出特色学生。

5. 总结分析法

总结两年来的实验过程，将实验获得的经验形成报告、论文，使研究成果具有科学性、真实性和实效性。

除了上述五种方法外，本实验研究还采用了教育研究法、比较法、个案剖析法等。

**（三）实验研究的目的**

1.本实验研究旨在改变传统的教学模式，构建创新学习教学模式，培养学生合作探究、勇于创新的学习习惯，开发学生的创新潜能，提高学生获取、加工、整理信息的能力。

2.通过实验研究提高师生素质，形成富有创新品质的校园文化，创设具有创新特色的校风、教风、学风，使学校成为创新教育的示范性学校。

3.让学生掌握创新学习的方法，提高他们的实践研究能力，培养出一大批特长生。

**（四）实验研究的原则**

1.科学性原则

本次实验应遵守科学理论和客观事实，课题方案应在对"创新学习"有一定掌握的基础上制订出来；本次实验应遵照和使用科学的研究方法手段，并实事求是地规定研究的目标、范围。

2.导向性原则

我们以《义务教育数学课程标准（2011年版）》《小学数学教育》《广东教育》《广东教学研究》《中小学信息技术教育读本》，叶瑞祥教授编的《小学学习学》、肖云龙著的《别无选择：中国创新论》、徐方瞿编著的《创新与创造教育》、张武升编的《教育创新论》等为目标导向，结合学校实际情况，进行创新实验。

3.自主性原则

本实验注重学生的差异性、自主性，引导学生从自己的实际出发，探寻适合自己发展的学习方法，从而积极、主动地参与实践研究，发现问题，获得成功。

4.创新性原则

创新性原则主要体现在教学模式和学习方法上，改变传统的教学模式，构建适合各学科的创新学习教学模式。学生的学习主要以合作研究和独立探索相结合的形式出现，并帮助学生学会运用信息技术工具来获取加工、整理信息的方法和技巧，善于运用创新思维参与"科技小发明"等各项探索活动。

5. 实效性原则

本实验力求扎实、高效，根据自身实际，从实践中发现问题，总结经验，再付诸实践，取得效果，方法易于操作，效果易于显现。

6. 活动性原则

教师在课堂教学实验中，引导学生大胆实践，在活动中掌握知识、培养能力、激发创新思维。

## 三、实验过程

1. 准备阶段（2003 年 8 月—2003 年 10 月）

这一阶段主要做好以下几方面工作：

做好申报立项、收集资料、组织学习、培训骨干等工作。

做好学情调查，设计《客都小学学生创新学习情况调查问卷》，做好数据的统计，写好学情调查报告，并制定好实验方案。

2. 实验阶段（2003 年 11 月—2005 年 6 月）

进行必要的科研学习，边做实验边详细记录边分析情况边进行阶段性总结。重点放在构建创新学习教学模式上。定期做好实验分析工作，并反复验证，以求得到科学的结论，积极撰写课题阶段性报告。

3. 总结阶段（2005 年 7 月—2005 年 12 月）

检查实验效果，总结并撰写课题研究报告，汇总实验材料，请专家鉴定。

4. 推广检验阶段（2006 年 1 月—2007 年 12 月）

在市区推广检验，分析总结，进而在省内外推广。

## 四、实验研究的主要措施

### （一）搞好学情调查，制订实验方案

实验前认真制订好学情调查问卷，发放问卷 378 份，并向老师和家长调查了解学生的创新学习状况。这次从调查学生是否具有独立思考、勇于探索、求异创新、灵活变通、开拓进取、合作协调等创新精神、创新学习方法、创新学习能力、创新学习品格方面出发，共设计了 27 项内容。通过调查分析，我们发现我校学生在学习意识，学习能力、学习方法方面存在保

守、单一的倾向，创新创造性不足。究其原因：一是教学模式和媒体过于单一、落后；二是教师忽视了学生创新精神的培养；三是学生主动获取、筛选加工信息的能力低，知识面狭窄。据此，我们撰写了《小学生创新学习调查报告》，并制订出《小学生创新学习教学模式的实验研究方案》。

**（二）培训教师，更新观念，提高科研能力**

1. 组织教师学习理论知识，提高教师科研水平

要培养学生的创新思维，首先要有一批创新型的教师，所以我校十分注重教师的培训工作。我们采取"请进来、走出去"的方式，经常组织学校教师学习素质教育、创新教学方面的有关理论，邀请有关专家如中国学习科学研究会副会长叶瑞祥教授、市区教研室的教研员等到学校讲学，观看优质课的录像，了解教学改革的新理论、新动态，让大家了解信息时代的教学新思想、新模式，掌握新课标，走进新课程，从而提高教师素质，为"小学生创新学习教学模式的实验研究"的顺利开展提供保证。

2. 选派骨干外出学习、培训

分期分批组织教师到广州、深圳、中山、顺德等地参观学习。多次抽派实验组的骨干教师外出培训、学习，参加创新学习的研讨会、全国学习科学研讨会、中南五省优质课交流会、省教育厅组织的新课标培训等。

3. 完善教学设备设施，保障课题实验的顺利开展

为了使实验研究能高效开展，我校新建了集教育信息网、宽带网、闭路电视网三网合一的校园网络系统、总控室、多功能网络室、电脑室、电教室、软件制作中心控制室、语言实验室，为每个班配置了电子白板，为每个教师配置电脑，定时组织教师参加信息技术培训，学习多媒体课件的制作。目前，我校的全部教师已能独立操作电脑，能熟练地使用 Word 等办公软件处理文件；能熟练地运用网上资源进行电化教学；能独立制作多媒体教学课件；能灵活地运用网上的教学资源为创新教学服务。

在完善现代化设备设施的同时，学校还建设了标准的篮球场、足球场、200 米环形塑胶跑道、快乐体育活动场、羽毛球场、地理园、生物园、乒乓球室、体育室、舞蹈室、钢琴室、扬琴室、琵琶室、古筝室、二胡室、笛子

室、电子琴室、图书室、阅览室、美术室、自然实验室、科技劳作室、卫生室等20多个场室，为全面实施素质教育，开展课题实验提供有力保障。

**（三）研讨课题实验课，拟定创新教学目标，形成创新教学特点**

为了使研究更深入，让实验教师明白创新教学的目标，尽快地构建创新学习教学模式，我们分小组实验，每个小组有目的、有计划、定内容、定上研讨课；分级分科分类，按内容，各实验小组进行集体研究，根据学生的具体情况确定教法，把传统的备教案转化为备学案。我校通过研讨100多节实验课，拟定了创新教学的"四创"目标，形成了创新教学的四大特点。

1. 创新教学的"四创"目标

| 年段<br>项目 | 低段（一、二年级） | 中段（三、四年级） | 高段（五、六年级） |
|---|---|---|---|
| 创新态度 | 有好奇心，有创新的愿望 | 热爱创新，积极参与各种创新活动 | 敢于创新，在各种学习活动中努力去创新 |
| 创新思维 | 能在学习中运用求异思维，寻找与众不同的解决问题的方法 | 能运用求异、比较等思维形式寻找解决问题的新途径、新方法、新答案 | 能运用多角度、多层次的求异、发散等创新思维方式，分析问题，解决问题，提出一些创新见解 |
| 创新习惯 | 养成大胆提问的习惯，敢于发表自己的看法 | 养成发现问题、动手操作、提出见解的习惯 | 养成时时、处处创新学习与思考的习惯 |
| 创新品质 | 遇到问题，不怕困难，能坚持进行创新性思考 | 不仅具有创新的持久性，而且具有灵活性 | 初步具有创新的自主性、合作性和深刻性 |

2. 创新教学的特点

（1）转换师生角色

教师在传授知识的同时，把情感教育渗透到教学活动的各个环节，突破单纯地注重传授知识和发展智力的局限，转换角色，为学生服务，使学生具有学习的热情，能积极、主动地学习。①教师由知识的传授者转变为活动的组织者、参与者。②变"一言堂"为"群言堂"，关注每一位学生，让学生充分参与，积极表现，使每个学生都能得到发展。③变批评教育为赏识教育。④在课堂上以生为本，培养学生自信，鼓励学生大胆发表意见。

（2）多样化的学习方式

①在教学过程中，重视"学""思""乐""创"的结合，重点突出"乐学""创造性地学"，把教师的教案转变为学案，凸现一个"创"字，把教室转变为学生创新的场地，让教室的墙壁成为学生创新思维、创新成果的展示墙。②从单一的、一刀切的"封闭式"教学转变为多层次、多样化的"开放式"的教学。③把现代化的教学手段如多媒体教学、网络教学等引入课堂。④把知识运用到实践中，在实践活动中运用知识，发挥课外活动、社会实践等教学渠道的独特作用，使学生主动思考、认真分析，多方寻求解决问题的突破口，提升创新能力。

（3）充分发挥评价的激励功能

在实验中，必须坚持以学生发展为本的思想，培养学生的创造能力，建立以新课程标准所提倡的价值理念为基础的评价体系，充分发挥评价的导向、改进、形成、激励功能，把培养学生的创新思维、创新精神、创新能力放在重要地位，使学生的主体性得到真正体现并发展。

（4）鼓励学生发现、质疑、探究、创新

通过实验，教师们意识到培养学生质疑能力、探究能力的重要性，在实验中做到：一方面，充分尊重和爱护学生求知欲旺盛、凡事好问的天性；另一方面，有意识培养学生质疑问难的勇气和兴趣，并引导学生善于质疑，勇于表达自己的观点。我们的经验是：①鼓励学生针对所学知识和所经历的生活，多问几个"为什么"，并试着自己回答；②学会多角度、全方位地提出各种问题并积极地探索研究解决这些问题；③鼓励大胆、毫无拘束地提问题，相信学生能够创造性地提出教师所没有提出的各种各样的问题；④要求教师对学生的质疑问难给出一个积极而合理的评价，欢迎质疑，欢迎争辩，允许出错，允许改正，允许保留。

**（四）营建开放的教学环境**

我们的实验主题是"个个创新，百花齐放"。在发挥课堂教学主渠道作用的同时，拓宽创新学习教学场所，充分发挥第二课堂、第三课堂、网络"空中活动室"等渠道所不能替代的作用，使创新学习的教学活动广泛地深入学生学习生活的方方面面。

此外，我校还邀请董国华教授、叶瑞祥教授等专家到学校讲学，定期举办青年教师学术论坛、不同风格的献课活动，开展学生创新诗文创作、朗诵比赛、"创造在我身边"演讲比赛、"我眼中的世界""红领巾自由论坛"等等，努力营造鼓励创新的多元文化。在教与学中，包容一切先进文化，各种有价值的观点、思想都可以在这里碰撞、开花、结果。

### （五）建构活动化的创新课程体系

我们以国家基础课程为主体，以活动课程为两翼，每天开辟40分钟"创新思维活动课"，开设了数学思维活动课、综合实践活动课、研究性学习课、科学与创造课、艺术欣赏课、器乐培训课、棋类等特色课程，并充分开发、利用学校现有的教育资源，让学生自主选择、主动参与各种培训，在固定时间由专业教师进行培训，让学生在活动中展开"试飞"的翅膀。周一和周三下午第三节进行乐器培训，开设音乐、舞蹈、钢琴、古筝、二胡、琵琶、电子琴、扬琴、钢琴等课程；周二和周四下午第三节进行球类、棋类、美术、书法、信息技术等培训活动；周五下午20分钟自主活动，完全由学生自己组织，内容包括故事大王、知识天地、信息交流、劳动操作、谜语王国、即兴表演、自我表现、手工展示、创作设计等。所有这些项目都根据学生的意愿不断地变换形式，让学生觉得有趣，积极参加。开设的创新思维活动课，熏陶、培养了学生良好的学习态度、健康的学习心理和自主探究的兴趣，使学生学会了合作、交往和欣赏，获得了更多的成功体验。这些激励着他们积极面对未来的学习和生活，为今后的学习和生活奠定良好的基础。

## 五、实验研究取得的主要成果

在实验过程中，我们分小组实验，每个小组有目的、有计划、定内容、定上研讨课；分级分科分类，按内容，各实验小组进行集体研究，根据学生的具体情况确定教法，把传统的备教案转化为备学案。每节课以学生的学习过程和活动过程为主体，确定教师的教学方法，既要善于为学生创设提问的条件和环境，又要善于引导学生质疑问难；同时要为学生创设探究的时间和空间，认真分析每一节研讨课，根据学生反馈的信息，不断提高教师的教学策略，改进教学手段，优化教学课件，建构出创新学习教学模式。

**（一）建构了数学创新学习教学模式**

1. 构建数学创新学习课堂教学模式

我们通过实验，摸索出一条以学生主动发现问题为中心、合作探究为主线、师生互动为支点的一种"自主、研究性学习"的创新学习模式。这一模式可以初步概括为"创设情境—发现问题—研究探索—实践质疑—应用创新"这五个教学环节，借助现代信息技术，提高教学效果。

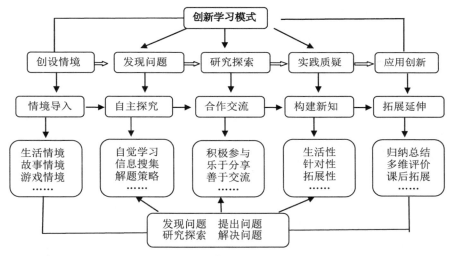

2. 数学创新学习教学模式的主要特点

（1）着眼于进行指导学生创新学习的教学设计，创造性地运用教材。其包含以下内容：改变数学教材的编排顺序；扩大例题的思维空间，开发智力、培养能力，把例题尽可能变成适合学生探讨研究问题的素材；留给学生自主学习的时间和空间。另外，教师要悉心解读学生，善于将教材中的知识与学生熟悉的生活情境结合起来，从而赋予学习内容以趣味性、新颖性、挑战性，使数学富有生命力，激发学生学习的兴趣、思考与创造的活力，从而培养学生的创新思维。例如，在教学完"分数的乘、除法"这一教学内容后，教师灵活地结合学生熟悉的生活情境出了一道思考题："六（一）班的60位同学准备进行一次茶话会，班委会拿出120元买糖果和可乐（每人一瓶），现在知道可乐公司正在校门口搞促销活动，一瓶可乐卖 1 元，4 个空瓶可换一瓶可乐，请你们开动聪明的小脑袋，想一想，看谁最善理财，用最少的钱买可乐（保证每人喝到一瓶），从而使买糖果的钱尽可能多一些。"学生都知道如果买可乐用的钱越少，买糖果的钱就越多，所以每个人都想用最少的钱买最多的东西。这道从学生熟悉的生活中提取出来的数学题，激发了学生极大的探究热情。他们通过思考、讨论后发现了两种方案：①先用 48 元买 48 瓶可乐，然后再用 48 个空瓶换 12 瓶可乐。$1 \times 48 = 48$（元）②先买 44 瓶，喝完后用 44 个空瓶换 11 瓶可乐，并再买一瓶，喝完 12 瓶后，用这 12 个空瓶换回 3 瓶可乐，并借一个空瓶，喝完后用 4 个空瓶换回一瓶可乐，然后把最后这个空瓶还给售货员。用 45 元买 45 瓶可乐，共喝可乐：$44+11+1+3 = 60$（瓶）。通过比较，大家一致认为第二种方案比较经济。学生在比较的过程中发现要喝到 4 瓶可乐，只要买 3 瓶就够，也就是先买 3 瓶，跟售货员借 1 个空瓶，喝完后再用 4 个空瓶换一瓶可乐，当这瓶可乐喝完后，把空瓶还给售货员，从而得出 $60 \times \dfrac{3}{4} = 45$（瓶）　　$1 \times 45 = 45$（元）。这样，通过出示学生感兴趣的信息，学生感到数学跟我们的生活息息相关，从而激发他们探究新知和积极创新的热情，培养了他们的创新思维。

在教学中，除了创设学生熟悉的生活情境外，教师还经常设置悬念、设计矛盾冲突，或通过竞赛、猜谜语、做游戏等，融数学于活动中，让学生在学习中获得愉悦的情感，进一步激活学生的创新思维。

（2）实施"问题教学"，引导学生善于发现新问题、提出新问题，产生新思维，养成创新意识和创新个性。教师作为学生数学学习活动的组织者、引导者与合作者，首先发挥的作用应该是努力创设这样一种情境：让学生成为数学问题的发现者而不仅仅是数学问题的解决者。所以，我们在教学过程中，要践行新课标，努力创设各种情境，让学生在具体的情境中发现问题、提出问题、解决问题，再产生新的问题，在不断的质疑、释疑过程中，激活他们的创新思维。

如在教学"圆的周长"这一教学内容的时候，教师以动画形式导入新课，让学生在生动活泼的情境中复习了圆的有关知识，随后继续用课件演示（一个美丽的姐姐站在圆的中心，手上拿着两根绳，较短的绳子另一端拴着穿红上衣的猴子，较长的绳子另一端拴着穿黄上衣的猴子。姐姐晃动绳子，两只猴子骑着独轮车绕着姐姐各骑行了一圈）。"看到这里，你想提出哪些问题？"学生经过思考后提出了下面一些问题：小猴子骑一圈走了多少米？实际上求什么呢？怎么求呢？哪只猴子走的路程比较多？教师对学生的积极思考给予了充分肯定，引导他们发现"圆的一周的长度"就是"圆的周长"，随后，引出课题："这节课，我们就来共同研究'圆的周长'。"接着，教师又进一步激发学生大胆猜想："猴子所走的路程是否跟绳子的长短有关？圆的周长与半径有什么关系？"并引导学生通过实践操作，发现圆的周长跟半径之间的关系，归纳出求圆周长的公式。这样，学生在没有心理负担的情况下，无拘无束地提出问题，并通过解决提出的问题，又发现一系列相关的新问题，使问题一步步深化、拓宽。伴随着一次次发现问题、解决问题，学生经历了猜想、讨论、操作、验证的探索过程，培养了想象能力和质疑能力，激发了创新思维。

我们的课堂提问是师生互问、生生互问，使学生在提问、交流、争辩的过程中主动获取知识，培养学生的问题意识，逐步养成好问、善问、有创见地问的良好习惯，从而培养学生的创新思维。

（3）留给学生自主学习的时间和空间，引导他们多想、多说、多做，感受成功的愉悦；引导学生学会自主学习，学会构建知识体系，优化认知结构，不断夯实创新学习的认知基础。新课标提出："教师必须改变教学方式，要给学生提供充分的时间和空间，让学生自主探索。"所以，我们在教学过程中要为学生提供充分探究的机会，尽量设计开放性和探索性的学习过程，重视学生的实践操作，真正放手让学生做，让每位学生在认知过程中通过亲身体验，激发创造灵感，发现问题的真谛。比如计算教学，让学生主动参与发现算理、算法的过程；概念教学，让学生通过仔细观察、亲自操作、分析、综合、讨论等一系列的探索活动，从而发现规律、性质、定义、公式；而应用题教学，则通过创设各种条件，选取开放的素材让学生参与编题和分析，学会运用数学知识解决生活中的实践问题；空间与图形教学，则要为学生创设动手操作与实验的条件，在充分感知的基础上形成空间观念，在实践探究中激发他们的创新思维。

（4）创设开放题，鼓励独创性。在课堂教学中应根据学生的个体差异和个性特点，设计开放性的习题，为每个学生积极参与练习提供广阔的驰骋天地，培养学生思维的多样性和独创性。

①没有给出明确的条件或足够的条件，需要通过分析找到必备的条件，才能得出结论。比如为学生设计一道这样的题目："在一个长方体木块上挖去一个正方体，它的表面积和原来比较谁大谁小？"题目既没有告诉学生长方体有多大，挖去的正方体有多大，又没告诉学生从哪里挖，有无挖透。因此题目的条件、解题的策略、答案都是开放的，让学生大胆想象，不断探究，从而培养他们的创新热情。

②根据给出的条件，解决的策略并不唯一，得出的结论也不是唯一的。如：老师去商店买2元一支的圆珠笔和5元一支的钢笔，她付给售货员40元，请指出老师买笔的所有可能。这一开放题既没有现成的解法，也没有确定的某一答案，而是要求学生灵活运用所学知识，自己分析解决。

③精心设计解法开放的题目，注意培养学生思维的独创性。

如学习完"圆面积"，教师出了一道练习题：求下图中阴影部分的面积。（r=4厘米）

许多学生很快按下面方法进行解答。

解法一：长方形的面积减2个三角形的面积：

$4 \times 2 \times 4 - 4 \times 4 \div 2 \times 2 = 16$（平方厘米）

解法二：长方形的面积减半圆的面积：

$4 \times 2 \times 4 - 3.14 \times 4 \times 4 \div 2 = 6.88$（平方厘米）

半圆的面积减三角形的面积：

$3.14 \times 4 \times 4 \div 2 - 4 \times 2 \times 4 \div 2 = 9.12$（平方厘米）

$6.88 + 9.12 = 16$（平方厘米）

尽管学生都会解答这道题，但教师并没有就此结束教学，而是引导学生比较这两种方法，然后鼓励他们找到更简单、独特的解题方法。学生在教师的鼓励下，通过大胆探索，根据图形的转换，又找到以下两种解题方法：

解法三：长方形面积的一半：4×2×4÷2=16（平方厘米）

解法四：把阴影部分转化为边长为 4 厘米的正方形：

4×4=16（平方厘米）

通过这样的探究，学生逐渐摆脱定式思维的束缚，提出新奇的、独特的见解，激活了创新思维。

（5）以"小组学习"为核心组织教学，引导学生主动参与教学过程，启发诱思，鼓励合作，共同发展。

（6）引导学生在"做中学"，培养学生学以致用的意识和实践能力。

（7）引导学生由课内学习延伸到课外学习，培养学生获取信息的能力和自学能力，开展前置性学习，培养学生自主学习能力。

（8）运用现代教育技术辅助教学。利用现代信息技术可以创设一个个生动有趣的教学情境，化无声为有声，化静为动，变难为易，激发学生的学习兴趣。传统教学中，学生面对静态呆板的课本和板书，难免枯燥乏味。运用现代信息技术，可以克服这一缺陷，将静态的图片以动画的形式展现出来，有声有色。学生在这样的刺激下，始终保持浓厚的学习兴趣。这样就极大地调动了学生的学习积极性，收到良好的教学效果。现代信息技术可以通过声像向学生头脑输入生动的立体形象，由此传递的语言清晰明了、形象具体，使静态的语言化为动态的情境。学生耳闻其声，目睹其形，能自己释疑解难，突破重难点，从而提高学习效果。借助现代信息技术，能激发学生的学习兴趣，使他们真正成为学习的主体，变被动学习为主动学习。如在教学"圆的面积"时，教师借助现代信息技术，让学生直观感知圆可以转化成长方形，根据长方形的面积公式推导出圆的面积公式。具体形象的演示激发了学生的学习兴趣。

师：你们想知道圆可以转化成我们学过的什么图形吗？（想）

（教师课件演示，引导学生发现）把这个圆平均分成 16 份，沿着直径来切变成两个半圆，拼成一个近似的平行四边形。

师：如果老师把这个圆平均分成 32 份，那又会拼成一个什么图形？我们一起来看一看（教师课件演示）。

师：大家想象一下，如果老师再继续分下去，分的份数越多，每一份就会越小，拼成的图形就会越接近于什么图形？（长方形）

这一环节借助电脑课件的演示，生动形象地展示了化曲为直的剪拼过程，引导学生抽象概括出新的问题可以转化成旧知识，利用旧知识可以解决新问题的结论，初步形成了转化的思想。

**（二）创新了评价方式**

我们通过实验，构建了一系列的评价指标体系，如："创新学习课堂教学评价量表""学生能力评价表"（见附表）。

**（三）应用研究成果**

**1.教学成绩突出**

通过实验，每位教师都做到了以生为本，尊重学生身心特点和认知规律，改变了传统的教学方法，构建了创新学习教学模式。任课教师在课堂上，努力做到尽量让学生观察、让学生思考、让学生表达、让学生动手，为学生营造快乐、自信的学习氛围，引导学生全员参与、全程参与、深入参与，激发了每个学生的学习积极性，真正做到面向全体。开展实验后，我校参加区抽检，成绩得到稳步提高，在前区居于前列。英语、数学科连续多次摘取桂冠。

**2.素质教育特色显现**

通过以创新教学为主线、活动课程体系为两翼、积极开展素质提高班培训活动为抓手，学生的潜能得到挖掘，特长得以培养，学生得到全面发展。我校走出了一条"质量立校、科研强校、特色名校"的新路子，成为梅州市实施素质教育的示范性学校，学生、家长、社会公认的名校，短短几年时间，学校素质教育结出累累硕果。

（1）学生参加各项比赛，共有 1003 人次获奖。其中参加国家、省、市、区数学竞赛有 15 人获奖，2 人考取梅江区最高分。参加市英语竞赛有 18 人获奖，3 人获特等奖；参加首届"粤港澳"英语能力大赛获三等奖，连续三年参加市英语能力大赛均获一等奖。有 15 项小发明获省、市创新发明奖。参加各级征文、美术、书法等比赛共有 853 人获奖。

（2）学校民乐队、舞蹈队、合唱队、足球队参加市、区比赛均获奖。2007年，学校民乐队参加梅州市比赛获一等奖，参加广东省比赛获三等奖。

3.提高了教师素质

通过开展课题实验，教师转变了教学观念，提高了业务水平。我校教师参加省、市、区优质课评比共有20人次获奖；获奖及发表的论文有120多篇；多次为中山、深圳、珠海、河源等市及我市各县的小学教师提供优质观摩课。我校成功承办了"省说课比赛""市、区优质课现场""市、区教师教学技能展评"等大型活动共12次。

## 六、成果的创新点

（1）以实施素质教育为主线，构建了创新学习教学模式，教师在每节课都能做到关注每一位学生，真正做到面向全体。

（2）突出了校本课程与第二课堂的有效补充，采取全校公选课形式进行创新教育，并有效实施理论讲授与研讨、参观、素质提高班培训、动手制作、科技大赛相结合的方法，激发了学生的自主创新意识和实践精神，培养了学生的特长，弥补了基础课的不足。

（3）设立学生创作室，形成了几十项学生科技选题，激发了学生的创新思维，学生科技竞赛取得骄人成绩。

（4）本成果在实施创新教育、创建学校特色、创办优质学校方面的理论，对推进中小学素质教育有理论指导和推广意义。

## 七、主要的经验

领导重视、落实到位；

更新观念、转变思想；

鼓励参与、大胆创新；

构建模式、注重实效；

提高素质、培养骨干；

师生互动、强调过程；

及时交流、总结提高。

（1）通过实验，我们体会到，要开展教育科研实验，要把科研实验搞下去，并取得成绩，首先要得到当地党和政府、教育主管部门及社会各界的支持。

（2）选好开展实验的骨干教师。

我们课题组的教师都是我校有强烈的事业心和责任感、有较丰富的教育教学经验、专业基本功扎实的中青年教师。

（3）观念更新，认识到位。

（4）开展对口的协作、交流。开展实验以来，我们经常与本区各兄弟学校开展研讨交流活动，取长补短，互相促进。

（5）科研实验必须有理论指导，规范操作。

（6）转变评价方式，运用多种手段调动师生的积极性。

## 八、今后的研究计划和设想

走教育科研之路任重道远，我们的课题实验虽取得一些成效，但实验并没有结束，还有许多工作要做。今后我们要把课题实验落实到每个教师身上，做到人人有专题，人人搞科研，人人出成果。在人员上，坚持专职与业余相结合；在研究原则上，坚持理论与实践相结合；在选题方向上，坚持理论研究与应用研究相结合，以应用研究为主的原则。做到长远规划与短期目标相结合；大课题与具体试验相结合，形成一个全方位、多角度、多层次的教育科研目标群，以科研促教改，推进创新教育向纵深发展，真正做到科研促教，科研兴校。

2007 年 12 月

附：

## 表一 创新学习课堂教学评价量表

| 一级指标 | 二级指标 | 三级指标 | 评分 |
|---|---|---|---|
| 导 | 导学思想（10分） | 师生商议，认同目标，绝大多数学生的好奇心、求知欲被激发，活动形式多样，适合不同层次学生的发展需求，突出创新思维和实践能力 | |
| | 导学目标（10分） | 目标明确，符合新课标和学生学习特点，围绕目标有效组织学生活动，具有科学性、适应性、基础性、发展性、创新性 | |
| | 导学内容（10分） | 准确把握本节课的教学内容，无知识性错误，体现生活数学 | |
| | 导学过程（10分） | 1. 教学环境：创设情境，为学生提供质疑的氛围和探索的时空，并善于创设民主、宽松、合作的课堂气氛。<br>2. 教师角色：探索活动的组织者、引导者、合作者，态度亲切、语言精练、教风民主，面向全体、善于激励。<br>3. 重点突出、难点突破，注重学法指导，方法灵活多样，能及时根据反馈信息调整指导策略 | |
| | 导学形式（10分） | 课堂训练有序，体现主体性、活动性和创新性，关注学生的个性差异，保护学生的自尊心和自信心，为每个学生创设成功的机会，及时采用积极、多样的评价方式，激发学生的探索热情 | |
| | 教师素养（10分） | 板书科学、创意新颖，教学媒体使用恰当、操作熟练，应变能力强 | |
| 学 | 主动参与（10分） | 全体学生积极参与观摩实验，思考、质疑、验证、推理、讨论、交流 | |
| | 合作研究（10分） | 师生合作好，自觉进行自评和互评，提出的问题、研究的项目思考价值高，能激发不同层次的学生积极探索，讨论热烈，分工合作、协调发展 | |
| | 操作实践（10分） | 学生习惯良好，能积极动手、动脑、动口参与实践活动，具有开放性、创新性，学生能在实践中发现问题、找到规律、解决问题 | |
| | 创新能力（10分） | 活动气氛高涨，学生思维活跃，勇于尝试、探索，善于质疑、辨析，敢于标新立异，竞争意识、创新精神、研究能力得到发展 | |
| 总评意见 | | 总分 | |

表二　学生能力评价表

| 一级指标 | 二级指标 | 优 | 良 | 中 | 差 |
|---|---|---|---|---|---|
| 思维能力 | 1. 能否在学习的"再创造"中发现和创造数学知识<br>2. 能否通过数学学习形成初步的逻辑思维能力<br>3. 是否有创新意识和作为 | | | | |
| 识记能力 | 1. 制定学习目标<br>2. 善于横向、纵向联想探索知识间、现象间的相互联系<br>3. 基本答案正确<br>4. 运用新知解决实际问题 | | | | |
| 合作能力 | 1. 能主动参与小组的合作学习活动<br>2. 对问题有自己的想法并能表达自己的看法，能发表或补充不同意见<br>3. 能认真倾听小组同学的发言<br>4. 思路独特、新颖，富有创造<br>5. 小组学习中互相帮助、互相尊重，团结合作 | | | | |
| 创新能力 | 1. 主动探究发现问题<br>2. 多角度、多种方法分析解答问题<br>3. 敢于发表自己的意见，标新立异 | | | | |
| 探究能力 | 1. 是否能发现问题<br>2. 是否能提出问题<br>3. 是否能分析、理解问题<br>4. 是否能解决问题 | | | | |
| 实践能力 | 1. 利用学具进行研究<br>2. 解决生活中的数学问题 | | | | |
| 运用能力 | 1. 是否掌握了必要的基础知识与技能<br>2. 是否获得了进一步发展的能力<br>3. 是否能够解决日常生活中简单的问题 | | | | |
| 总评意见 | | | | | |

# 让评价成为研究性学习的助推器

## 关于数学研究性学习过程与效果的评价研究

### 一、研究背景

数学课程标准指出,要"建立促进学生全面发展的评价体系",在数学教学中"评价不仅要关注学生的学业成绩,而且要发现和发展学生多方面的潜能,了解学生发展中的需求,帮助学生认识自我、建立自信"。要使教学评价实现课程标准提出的各项要求,就必须树立评价服务于教学、服务于学生发展的新的评价理念,构建将评价与教学改革融为一体的评价模式。

21世纪的教育是以培养创新型、开拓型人才为价值取向的新型教育。数学研究性学习强调学生学习的主动性、积极性。它的最大特点是引导学生主动参与操作实践,通过调查、考察、搜集、整理信息、表达与交流等系列探索研究活动,发现问题、解决问题,获得知识和能力的发展,挖掘学生的创造潜能。而要使研究性学习得到顺利开展,就必须研究建立在新课程标准所提倡的价值理念基础上与数学研究性学习融为一体的评价策略和方法,充分发挥评价的导向、改进、形成、激励作用,实现课程改革、教学改革与评价策略一体化。为此,我们参与国家"十五"规划教育部重点课题"数学教学综合评价的方法与策略"的子课题"关于数学研究性学习过程与效果的评价研究"的实验。

### 二、研究目的

(1)运用新的评价观念,建立能促进数学研究性学习的顺利开展,激发学生的参与性、研究性、创造性的评价模式。

(2)全面应用动态评价和个性评价的基本理论,将评价研究与开展研究性学习融为一体,注重评价的导向、改进、形成、激励作用,使评价成为推动数学研究性学习,实现以学生为本的教学不可缺少的组成部分。

（3）实施评价研究性学习过程与效果的科学方法和实现方法的策略，健全评价体系，将定量评价与定性评价结合起来，将过程评价与结果评价结合起来，将个人评价与他人评价结合起来，使评价研究成为数学研究性学习价值取向的重要组成部分。

（4）将评价运作方式融合于数学研究性学习，切实促进学生自主学习，自觉参与实践操作、搜集与处理信息、表达与交流等系列探索研究活动，从而培养他们的开拓创新能力。

（5）形成数学研究性学习评价的基本理论，并形成尽量适应我国现代与未来数学综合评价的基本理论。

## 三、确定实验变量

### （一）操纵 5 个自变量

1. 认真学习数学课程标准，让它成为指导实验的重要理论之一，并通过对研究性学习评价的研究，肯定或论证它的成功，修正它的不足之处。

2. 根据课程标准编写的教材也是我们进行试验研究的主要变量。通过实践研究评价新教材对实施研究性学习过程的优缺点，并通过对教材实施的评价，考虑到对研究性学习过程的评价。

3. 研究性学习是以学生为主体的，因此学生也应成为评价研究的主要变量之一。我们在构建评价模式时，应抓住学生在研究性学习过程中的主动作用，从而实现"以生为本"价值论。

4. 教师也是实施评价研究不可缺少的变量，实验能够减少教师对教育评价的距离感，使教师在实践中通过评价反馈学生信息，反思、调整、改进自己的教学手段和教学方法。

5. 改善校园环境，让社会、学校、家庭都成为实施评价研究的积极因素。

### （二）控制 4 个无关变量

1. 坚持摆脱来自各方面的"应试教育"思想的影响的控制。

2. 坚持摆脱来自校内外、主客观等阻碍进行评价研究的不利因素的控制。

3. 排除实验班与对比班因设备、教师等差别而带来的干扰性因素。

4. 对无法控制的变量及时做详细记录，以便进行综合分析。

## 四、实验方法

本课题的研究在充分发挥文献、调查、探索、分析、比较、总结等具体方法的作用的基础上，以调查法和行动研究法为主。

## 五、实验主要阶段

### （一）第一阶段：准备阶段（2003 年 8 月—2003 年 10 月）

这一阶段主要做好以下几方面工作：

1. 建立课题实验领导小组；

2. 问卷调查，了解学生；

3. 制定课题研究实验方案；

4. 建立课题研究实验资料档案，及时收集、积累和分析有关材料；

5. 理论学习，提高课题研究和实验教师的科研水平；

6. 完成课题申报备案的有关工作。

预期目标：全体参加实验研究者，了解选题的意义和价值，明确实验的目的，初步掌握本课题研究的基本思路，并制定出实验方案。

### （二）第二阶段：建立评价框架阶段（2003 年 11 月—2003 年 12 月）

这一阶段主要做好以下几方面工作：

1. 初步构建实现实验目的的设想；

2. 修订完善实验方案，完善可操作的实验步骤；

3. 组织实验骨干参加理论培训；

4. 制订出有学校特色的评价框架，进行先导性的推广实验，对实验的初级成果进行可行性的论证、监测、评估和总结；

预期目标：形成有自己特色的关于数学研究性学习过程与效果的评价框架。

### （三）第三阶段；模式形成阶段（2004 年 1 月—2004 年 11 月）

这一阶段主要做好以下几方面工作：

1. 做好相关理论的学习和技术操作的培训；

2. 精选范例，深化"数学研究性学习的过程与效果的评价"模式研究；

3. 研究评价过程中规律性的东西，完善各项成果（包括教学课件、测试软件等）；

4. 做好课题实验监测、评估和总结；

5. 撰写阶段性实验研究报告和论文。

预期目标：构建备课、说课、上课的评价模式，形成"数学研究性学习的过程与效果的评价"模式。

**（四）第四阶段：成果总结阶段（2004 年 12 月—2005 年 2 月）**

这一阶段主要做好以下几方面工作：

1. 强化子课题研究要项、原则和技术操作；

2. 加强检测、资料整理、综合分析与评价；

3. 总结经验，在本校、本区进行学习推广，评选实验中有突出贡献的人员；

4. 提交实验报告、论文。

**（五）第五阶段：理论升华阶段（2005 年 3 月—2005 年 8 月）**

这一阶段主要做好以下几方面工作：

1. 全面总结实验成果，形成基本评价理论；

2. 成果整理归类、筹划科研成果展室；

3. 撰写实验研究的工作总结和成果报告；

4. 编辑出版教师论文集。

预期目标：形成"数学研究性学习过程与效果的评价研究"系列成果材料。

**（六）第六阶段：成果鉴定验收阶段（2005 年 9 月—2006 年 8 月）**

这一阶段主要做好以下几方面工作：

1. 总课题组对子课题实验进行验收；

2. 做好实验研究结题验收的有关工作；

3. 在全区推广实践检验后，进行再凝练。

预期目标：如期完成实验任务，获得优秀实验成果鉴定书。

## 六、研究性学习过程与效果的评价体系的构建和具体做法

### （一）关注对教师的评价

21 世纪需要开拓型、创新型的人才，而创新型人才的培养必须依靠学校的创新教育，学校的创新教育必须靠高素质的教师来实施。要实施研究性学习，首先要改革对教师的评价制度，实施发展性教师评价。发展性教师评价既要评价教师的教学水平，也要重视评价教师的未来发展。通过及时向教师反馈评价教学行为的信息，让教师借助评价反思自己的教学方法，确定自己努力的方向，从而培养教师的主人翁精神，调动教师参与教学改革的热情。实施发展性教师评价应关注以下几个主要内容。

1. 教学环境：教师是否创设平等和谐的教学环境，是否建立多向的交往形式；是否善于营造学生大胆探究、勇于质疑的气氛，是否为学生的自主探索创造宽松的环境；课桌椅的摆设是否灵活机动，是否能充分保证学生活动的空间，是否适应个人活动、小组活动、班级活动。

2. 教学理念：是否体现新的教学理念，站在时代的前沿，面向全体学生；能否注意差异教学，采用灵活多样的教学方法，突出创新思维和实践能力。

3. 教学目的：能否根据教学大纲制定教学目的，符合新课标，目标明确。

4. 教学过程：在教学设计上有没有新的思路；是否重视充分暴露学生的思维过程，鼓励质疑问难；是否及时根据学生的学情，调整自己的教学策略；是否能遵循学生的认知规律，顺着学生的思路组织教学、选择教法；是否能设计开放式的题型、课型；是否善于采用激励性评价，激发学生的探究热情；是否善于利用多媒体辅助教学，轻松突破难点。

5. 教学基本功：教师的教态是否亲切自然，是否能灵活组织教学，是否有较强的应变能力，板书设计是否新颖、科学，对多媒体的操作是否熟练。

6. 教师角色：教师是否是教学活动的组织者、指导者、参与者，是否经常开展学生之间、师生之间的互评，是否体现互动教学。

7. 教学效果：对教学效果的评价应侧重于学生参与学习的过程及发现问题、解决问题的过程；学生良好学习习惯、学习情感的养成，学生实践操作、

运用知识等各方面的能力是否全面发展。

对教师课堂教学评价的改革将带动学生学习评价的改革，从而促进课堂教学整体改革，构建以学生为主，大胆探索，合作交流，发现规律，培养能力的研究性学习课堂教学模式。

### （二）更新观念，树立"评价为了学生发展"的新理念

为了使实验能够顺利实施，必须转变评价理念。我们首先组织实验教师的培训，开展多场次的新课标学习和评价理念的培训，同时鼓励教师多上网浏览有关评价方面的文章，并多次选派骨干教师参加教育部"十五"规划重点课题"数学教学综合评价的方法与策略"总课题组组织的课题研讨会，通过各方面的学习使教师明确评价的目的和意义；其次，为学生充分营造氛围，让学生积极主动参与评价，在协作、沟通、交流中体会到评价带来的快乐，同时通过学校网站、家长会、家访、问卷调查等途径有意识地引导家长明确评价的意义，主动参与对学生学习过程与效果的评价，使家庭、学校、社会、学生四位一体，构建多维评价网络，树立"评价促进学生个性发展"的新观念。

### （三）优化数学课堂评价，促使课堂教学高效生成

1. 关注学生的学习过程，实施个性评价

构建与新课标相适应的课堂教学评价，面对个性不同的学生，面对每个学生在成长中每一天的新变化，我们的评价要具体化、个性化，在课堂中充分关注学生的学习过程，让每个学生都能获得不同的发展。例如，对上课容易分心、爱做小动作的学生说："你是一个聪明的孩子，但上课专心听讲是学好数学的关键。""老师看到你专注的眼神很开心。""如果你能更认真，老师相信你会有更大的进步。"当学生回答有创意时说："独特的解题思路说明你是爱动脑筋的好孩子！""这种想法连老师都没想到，真棒！""解得巧，真聪明！""你是与众不同的孩子。"……对积极参与实践探究的学生说："你是勇于探究的好孩子，我为有你这样的学生感到骄傲。""你的好学会让你取得更大的进步。"……

2. 关注学生学习方法，开展自评互评

课堂上的评价要关注学生学习方法，引导学生通过自评和互评，反思学习过程和方法，找出自身的长处和不足，从而不断改进，不断提高。

3. 评价注意整体性

评价应着眼于一节课的整体评价，着眼于学生整体素质提高的评价。不仅要注意评价不同领域数学知识联系与教学，还应注意评价数学与其他学科知识的联系，更应重视学生的学习兴趣、情感态度、价值观的形成过程等素质的评价。

## 七、课题研究成果

### （一）构建"研究性学习"课堂教学模式

"研究性学习"课堂教学模式是指以问题为中心，以学生主动探究为主线，以教师适当点拨为支点的教学模式。它的最大特点是引导学生参与实践，通过调查、考察、搜集与处理信息，操作、表达与交流等系列探索、研究活动，解决问题，获得知识和能力的发展。这一探索过程训练了学生的创新思维，挖掘了学生的创造潜能。在教学过程中，教师只是一个导演者和服务者，学生通过自己主动积极的研究性学习去获取知识、应用知识和解决问题。这种教学模式可初步概括为"创设情境，激发兴趣—发现问题，提出问题—研究探索，解决问题—质疑创新，深化研究—归纳总结，开放延伸"。

下面从两个方面对该教学模式作简要的阐述。

1. 开展研究性学习应遵循的几个原则

（1）教师的主导作用与学生主体性相结合的原则。学生是研究性学习的主体，在学习过程中，通过一系列自主的探索活动去发现问题、解决问题以获取知识，增长才干。这一系列的自主活动是在教师的指导下进行的，让学生学会如何进行研究并不是让学生完全独立开展研究，放任自流。教师的主导作用与学生的主体性并不矛盾，教师的主导作用发挥得越充分，越能调动学生的主动性和积极性；学生的主体性发挥得越充分，越能体现教师的指导作用，两者密切配合，就可以减轻学生负担，使学生少走弯路，迅速提高其研究能力。因此，教师应加强培训，学习在参与学生研究的过程中如何指导学生。

（2）面向全体，贯穿于学习全过程的原则。研究性学习应面向全体学生，着眼于学生发展要求，注重学生对学习过程的参与和体验，根据学生的个性差异，为每个学生发挥自己的学习创造机会。同时，研究性学习应贯穿于学生学习全过程，由浅入深地开展研究性学习，这将有助于学生掌握新知并综合运用新知。

（3）鼓励自我表现的原则。在教学活动中，鼓励学生勇于质疑，提出自己的见解、做法，敢于标新立异。

（4）勇于参与实践活动的原则。课堂的实践活动有个人活动、小组活动和班集体活动，引导学生在参与活动过程中发现问题、解决问题，并且在参与实践活动过程中培养合作学习的精神。

2. 研究性学习的教学程序

（1）创设情境，激发兴趣。受限于小学生的特点，上课伊始，教师要善于为学生开展研究性学习创设情境，激发学生的兴趣、动机，引导学生学会学习，为新知识的发现做好迁移准备。

（2）发现问题，提出问题。学生能够主动发现问题，是敢于和善于揭示自己认知上的矛盾冲突，积极探求未知的心理需求的具体表现。在课堂教学中，教师要尽可能激活学生的思维，引导学生发现问题、提出问题。

对于低年级学生而言，自我发现问题、提出问题是有一定难度的。在起步阶段，教师要耐心细致地给予学生适当的引导与训练，让学生悟到寻找问题、提出问题、提出高质量问题的方法。通过持之以恒的训练，到了中高年级，学生一定会提出针对性强、价值性高的问题来。如在教学"百分数、小数的互化"一课时，我启发学生："当你看到这一课题时，你认为这节课应解决哪些问题？"学生提出两个问题：百分数和分数、小数怎样互化？为什么可以这样互化？

学生学会了发现问题，掌握了提问的方法，注意到问题的价值，能够提出精辟的问题，是进行研究性学习的起点。因此，教师在整个教学过程中，应注意引导、训练学生如何发现问题、提出问题以及提准问题。

（3）研究探索，解决问题。这一环节是在学生产生强烈的探求新知的欲望基础上进行的。在学生发现问题后，教师引导学生以小组活动的形式进行讨论、争辩、研究探索，在探索的过程中去解决问题、发现新问题，通过不断解决问题去发现、总结规律。教师的作用体现在参与学生探究过程，并适当对学生进行启发、点拨，帮助学生找到解决问题的思路和方法。学生根据教师提出的目标和途径，通过查找资料、阅读课本、进行实验、尝试操作、联想类比，利用虚拟现实技术进行体验、分析综合、抽象概括等各种方式进行探索、研究，寻求解决问题的捷径。如在教学"圆锥的体积"时，教师让学生分小组参与实践操作，进行研究探索。把圆锥容器装满沙子倒进空的圆柱容器里，这样倒了三次，正好装满这个圆柱容器。学生从中发现圆柱体积是同底等高圆锥体积的 3 倍，从而很快推导出圆锥体的体积公式：$V_{圆锥} = \dfrac{1}{3} Sh$。这样，通过学生积极探索，他们从感性认识上升到理性认识。

（4）质疑创新，深化研究。鼓励学生敢于标新立异，不迷信课本、权威，敢于提出与教材不同的解法，与教师不同的思路，敢于想前人之未想。通过质疑培养学生的创新能力，是培养具有创新才能的 21 世纪人才的重要手段与途径，也是进行研究性学习的关键一环。打破常规的新思路、新方法，正是创新的开始，教师应给以肯定和鼓励。

学生在开放的实践活动中"活起来""动起来"，在"动"的过程中，充分发挥了主动性，大脑思维特别活跃。特别是学生自己发现问题、解决问题，品尝到成功的乐趣，更容易激活创造思维的"火花"，容易"发现""顿悟"，创新思维从而得到有效的培养。

（5）归纳总结，开放延伸。这一环节的任务是将发现的知识进行梳理概括，提炼升华，总结规律，使之系统化，并运用新规律、新体系去解决实际问题。整理时可以从知识、方法、思路、能力等几个方面入手，纵横沟通，不受本节课知识的局限，力求能够提出有创意的见解，总结出规律，并将这些规律应用到练习中。应用阶段的练习设计要力求目的明确、重点突出、形式多变，要善于变式引申，进行"一题多变""一题多问""一题多解"的训练，引导学生思维的灵活性和独创性。如学习完"归总"类型的应用题，练习时可以出一道变式题：一个公路维修队，7 人 3 天维修公路长 2.058 千米，照这样计算，15 人 6 天能维修公路多少千米？（多种解法）

解法一：$2.058 \div 7 \div 3 \times 15 \times 6 = 8.82$（千米）

解法二：$2.058 \div 3 \div 7 \times 15 \times 6 = 8.82$（千米）

解法三：$2.058 \div 7 \div 3 \times 6 \times 15 = 8.82$（千米）

解法四：$2.058 \div （7 \times 3） \times 15 \times 6 = 8.82$（千米）

解法五：$2.058 \div （3 \times 7） \times （15 \times 6） = 8.82$（千米）

解法六：$2.058 \div （7 \times 3） \times （6 \times 15） = 8.82$（千米）

解法七：$2.058 \div 3 \div 7 \times （15 \times 6） = 8.82$（千米）

解法八：$2.058 \div 7 \div 3 \times （15 \times 6） = 8.82$（千米）

**（二）构建了"研究性学习课堂教学评价体系"**

研究性学习课堂教学评价是在新课标理念指导下，通过对学生学习过程中的师生有关表现进行及时的评价，充分发挥评价的导向、激励、调控、反馈等功能，从而不断促进教师优化教学手段，调动学生学习的主动性、积极性，促使学生得到能力的培养和个性的发展。通过近两年的实践，我们探索出一条促进研究性学习课堂教学顺利开展的评价体系。

1. 构建了课堂教学评价体系

（1）建档评价法。建立学生成长档案，将学生在学习过程中发现的问题、得到的体会、有创意的解法、发现的规律以及测验成绩、研究小报告、评价日记等记录在学习档案中，并定时向同学、家长展示，让大家一起进行评价。这样可以积极地激发学生的主动性、创造性，使他们从中体会到收获的快乐，并培养其反思能力。如以"我和数学"为题，鼓励和引导学生找一找生活中的数学，并用写一写、画一画的形式把它记下来。这样，不但提供了一个让学生用数学语言表达数学思想方法和情感的机会，而且能激发学生"学数学""用数学"的意识和能力，使学生体会到"数学就在我们身边，生活中处处有数学"。又如，一位学生在数学日记里记录了这样一段话："我今天遇到一道题：'方方今年 8 岁，姐姐今年 13 岁，当姐妹两人的年龄和是 55 岁时，方方与姐姐各是多少岁？'"通过认真思考，发现方方与姐姐的年龄差 5 岁是不变的，方方的年龄看作与姐姐一样大时，两人的年龄和要加上 5，由此可得出：

（55+5）÷2=30（岁）……姐姐

30-5=25（岁）……方方

这样，学生通过数学日记，将自己发现的规律及时记下来，既积累了解题方法，为以后的解题拓宽思路，又学会了对所学的知识进行反思、总结。

（2）导学结合评价法。遵循新课标的理念，改变只重评价教师讲得是否精彩的做法，把学生的"学（做）"和教师的"导"摆在同等重要的地位进行评价。评价"导"，着重看教师是否激趣引疑、启迪创新思维；是否注重学法指导、培养学习习惯；是否保证学生自主学习的时间；是否熟练有效地运用现代教学手段。评价"学"，着重看学生是否全体参与、主动探究；是否勇于质疑问难、发表独立见解；是否善于合作、勇于创新。与此同时，兼顾课堂教学的其他导学要素，做到重点评价与全面评价有机结合。比如，针对班里一些比较调皮，考试成绩较差，但是又有小聪明的男同学，特意设计一些"脑筋急转弯"的智力题，给他们创设成功的机会，并及时给予肯定性的评价："你能将这道智力题很快地回答出来，说明你很聪明，老师相信聪明的你经过努力，一定能把成绩赶上去。"或针对个别解题思路比较特别的学生，以赞许的口吻对他们说："你真棒！想到了这么有创意的解法，继续努力，你定能有惊人的进步。"又如，班里个别学生虽然学习成绩不好，但在画画方面比较有天赋。教师可以让他画一些由几何图形组成的作品，在课堂上展示出来，并给予肯定性的评价，从而激发他的学习兴趣。

（3）定性与定量结合评价法。即评价结论既有定性的评语和等级，也有定量的分数，等级视分数而定。在操作过程中，首先要掌握各级指标的内容，再按三级指标、二级指标、一级指标的顺序，由具体到概括进行分析评价。这样，既能充分挖掘课堂教学中的亮点或失误点，又能从整体效果上进行综合评价，是一种力图兼顾多种评价目的的评价方式。

（4）自我评价和他人评价相结合。在课堂评价的各项功能中，最能体现评价目标的是教学信息反馈功能，即通过教学评价提供教学活动的反馈信息，使师生不断调节教与学的活动，以取得更好的效果。师生之间共同参与的自评和互评，能使他们更深切地体验到教学中的成败得失，从而不断地改进学习方法，实现课堂教学评价的最终目的。

（5）过程评价与效果评价相结合。开展研究性学习，关键是引导学生参与探究实践，在探究过程中发现问题、解决问题、掌握规律。所以研究性学习的评价既要重视学习效果的评价，更要重视学生探究过程的评价，重视显示在学习过程中的自我评价和自我改进，通过评价激发学生的探索兴趣，促使学生的创新思维得到发展。

（6）采用肯定性评价。针对不同的学生采取不同的评价标准，让每个学生都能获得肯定性的评价，从而保护学生的自尊心和自信心，激发学生学习的积极性和主动性。制作"优点单"是肯定性评价的一种。我刚接的班上有好些学生学习很吃力，他们过去经常受到老师和家长的批评，对自己失去了信心。为了帮助这些学生树立信心，我为每个学生送了一份新学期礼物——"优点单"，将每个学生的优点写出来。学生收到"优点单"，发现自己有那么多优点，个个都很高兴。特别是那些成绩较差的学生，由此树立了信心，并将信心转化为学习的动力，学习成绩有了明显的进步。

2. 构建了研究性学习过程评价指标体系

（1）实施课堂即时评价，构建"学生能力评价表"（见附表一）和"学生能力评价标准表"（见附表二），并根据学生课堂上的表现进行评价。

实施课堂即时评价是研究性学习评价实验的一个重要方面，它注重对学生学习过程的评价。在实验过程中，我们以"评学"为主线，让学生参与对自己的学习状况进行"三度"评价（自评参与活动的态度、广度、深度），采用"自评、他评、师评"的评价方式，围绕"学生能力评价表"和"学生能力评价标准表"进行记录和数据整理，并加以定性评价，从而让学生在激励评价中快乐成长。通过即时评价，教师可以及时考查学生是否积极主动地参与数学学习活动，是否乐于与同伴进行交流和合作，是否具有学习数学的学习兴趣，从而更及时全面地了解学生的学习情况，并借助及时的评价更充分地激活学生的思维。如："老师明白你的意思，但你表达得还不够准确。""这位同学提的问题很有意思，你们认为他哪一点提得最妙？""对他的回答你有何看法，请说出你的奇思妙想""你的解答方法很好，可要细心呀！"等等。这些评价的目的已从选拔转移到发展，并在激励学生的同时让学生养成良好的行为习惯。

（2）对作业评价进行改革，倡导激励性评语，构建"数学学科作业检查评价表"（见附表四）。

对学生作业评价进行改革，改变过去单纯的"对"的打"√"，错的打"×"的方法，教师针对学生的不同个性特点，设计不同的评语，有的用激励性语言，有的用朋友式的谈话，也有的用各种不同的图案表示作业等级，并及时对学生作业情况做好记录，存入学生成长袋。如：写在学生作业本上的评语可以描述学生的成绩带给教师的感受；尽可能地发现并描述学生在研究性学习中所表现出来的成绩；指出需要努力的目标；可以采用"分数 + 等级 + 评语"的综合评价方法。

3.构建了"小学数学研究性学习效果评价指标体系"

研究性学习效果的好坏不仅仅体现在闭卷考试成绩的高低，而且包括基础知识的掌握、各项能力的高低、行为表现的优劣等。为此，我们构建了比较全面的、综合性的"小学数学研究性学习效果综合评价指标体系表"（见附表三）。根据这一指标体系，确定期末成绩 = 知识分 + 能力分 + 表现分 + 竞赛分，等级评定标准为：100 分以上为特优生，90—100 分为优秀，80—89 分为良好，60—79 分为合格，60 分以下为待提高这五个等级，给学生家长的成绩单上同时列明学期总成绩和等级评定，以及同学、教师的定性评价。

该评价指标体系对教师的教学行为和学生的学习行为的要求进行细化，各项具体评价要求充分体现了学生亲自参与新知的构建过程，着重突出了学生能力的培养，同时也突出了教师在研究性学习过程中的组织者、合作者的角色，体现了新课标的要求。

### （三）理论成果

通过评价实验，我校全体数学教师积极参与实验，并不断总结，及时写好课后反思。从2003年9月至2005年，我校共有85篇论文获国家、省、市、区的奖励，其中有24篇有关评价方面的论文在市、区获奖（发表），《开展研究性学习培养创新精神》《浅析研究性学习课堂教学模式》《研究性学习课堂教学评价研究体系的探索》等10篇教育评价论文在教育部重点课题"数学教学综合评价的方法与策略"研讨会上获奖，汇编了3本教师论文集。

### （四）应用成果

1. 涌现出一批教坛新秀

学校通过开展数学研究性学习过程与效果的评价研究，转变了教师的理念，使各位教师能够充分运用各种评价手段，并且评价时都能善于发现学生的闪光点，善于使用鼓励性语言，采用多维评价，从而激活了学生的学习热情，提高了课堂教学效率。我校教师所上的数学课给学生带来乐趣和收获，在梅州城区影响较大。我校教师曾多次为深圳、中山、珠海、河源及我市各县区教师上体现评价新理念的观摩课；参加梅州市送教到各县的活动；参加优质课、说课比赛，成绩优异。

2. 促进了学生身心的发展

关于数学研究性学习过程与效果的评价研究是根据新课标的要求和小学生的个性特征开展的，既重视学生平时的考查成绩，又重视学生学习过程中体现的学习方法；既有笔试，又有操作、表达等内容的考查；既重视双基的掌握，又重视能力的培养及良好学习习惯、情感态度的考查，使学生动脑、动手、动口、交流合作的能力及大胆探究、勇于创新的精神得到了全面的提高。

3. 培养了学生的评价能力

通过实行自我评价，学生互评，让学生参与评价，成为评价的主人，课堂上学生一句句"你真棒！""你说得真好！""我觉得你讲对了，就是声音有点小，我希望你下次声音再大一点，行吗？"等等出自内心的赞美与评价，使得课堂气氛热烈，收到了良好的教学效果，进而培养了学生的评价能力。

4. 提高了学生的数学学科成绩

评价改革充分调动了学生学习的积极性、主动性，激活了学生的创新思维。学生在参加的各级数学竞赛中均获得了优秀成绩。我校数学学科参加全区教学质量抽检，成绩遥遥领先，居于全区之首。

5. 以点带面，带动各科进行评价改革，全面提高了学生素质

数学学科开展评价实验，取得了显著成效，从而带动语文、英语、音乐等学科也进行评价改革，每位教师根据所教的学科、班级，拟定了切合本班、本科实际的评价策略，从而全面激发了学生的学习热情。学生参加各级各项比赛，两年共有 831 人获奖。2004 年 9 月，梅江区小学数学教研会在我校举行，我校介绍了教学评价改革的做法及实验研究成果，我校教师向大会提供了 4 节体现评价新理念的教学观摩课，得到了专家、与会教师的一致好评。

## 八、本课题的创新表现

（1）突出以促进学生个性发展为中心的评价观。评价的目的，不是仅仅关注学生掌握知识与否，学习成绩怎么样，更重要的是关注学生参与研究性学习的过程，最根本的是看学生在研究、学习的过程中是否得到了发展。

（2）完成了"七个转变"，实现了多维性评价，即转变了评价目的、评价主体、评价标准、评价内容、评价功能、评价时空、评价方式，从而实现了评价主体多元化，评价方式多样化，评价内容全面化，评价过程动态化的多维性评价。多维性评价结构图如下：

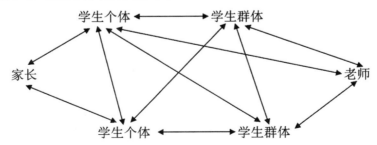

理论联系实际，通过研究评价的方法和技巧，实现借助评价手段优化课堂教学，从而培养了一批教学能手。

## 九、对今后研究的思考

1. 扩大实验的广度和细度，让每个学生都参与到评价改革活动中来。

2. 将深入实践、检验前期研究所探讨、摸索出的"研究性学习评价模式"加以推广，用它指导我们今后的数学教学工作。

3. 更有效地提高教师、学生各方面的能力。

通过开展研究性学习过程与效果的评价研究，构建了一系列的评价指标体系，促进了教与学的双方互动相长；整合评价体系，通过学生自评、互评、教师评价和家长评价，突出以学生发展个性为中心，促使学生形成健全的人格。

2006 年 8 月

附：

表一　学生能力评价表

班级：_____　姓名：_____　评价时间：_____

| 评价项目 | 评价记录 | | | |
|---|---|---|---|---|
| | 学生自评 | 同学互评 | 教师评价 | 综合评价 |
| 参与学习的态度 | | | | |
| 思维能力 | | | | |
| 学习能力 | | | | |
| 合作能力 | | | | |
| 创新能力 | | | | |
| 探究能力 | | | | |
| 实践能力 | | | | |
| 运用能力 | | | | |
| 定性评价 | 学生的话：<br><br>老师的话： | | | 评定等级 |

### 表二　学生能力评价标准表

| 评价内容 | 评价指标 | 评价方法 | 评价标准 | 评价方式 |
|---|---|---|---|---|
| 参与学习的态度 | 1. 与老师、同学之间是否相互尊重、理解<br>2. 对学习是否感兴趣<br>3. 是否敢于质疑、大胆尝试、乐于交流与合作<br>4. 是否在数学学习活动中充满自信心 | 1. 他评——小组互评<br>（含组内和组际）学生以小组为单位，小组长组织对小组内同学的评价。<br><br>2. 自评——自主评价<br>（含本人及本组）学生对自己在课堂上的学习行为习惯、兴趣、倾向，学习收获、进步情况，数学学习的感受进行反思和自我监控。<br><br>3. 师评——对学生学习水平进行评价体现全面性、全体性、全程性三个原则。教师对学生在课堂中的学习状况进行"三度"评价（即评价学生参与活动的态度、学生参与活动的广度、学生参与活动的深度） | A. 很好<br><br>B. 好<br><br>C. 可以<br><br>D. 有进步<br><br>E. 待努力 | 评价方式见附表一 |
| 思维能力 | 1. 能否在学习的"再创造"中发现和创造数学知识<br>2. 能否通过数学学习形成初步的逻辑思维能力<br>3. 是否有创新意识和作为 | | | |
| 学习能力 | 1. 制定学习目标<br>2. 善于横向、纵向联想探索知识间、现象间的相互联系<br>3. 基本答案正确<br>4. 运用新知解决实际问题 | | | |
| 合作能力 | 1. 能主动参与小组的合作学习活动<br>2. 对问题有自己的想法并能表达自己的看法<br>3. 对问题能发表或补充不同意见<br>4. 能认真倾听小组同学的发言<br>5. 思路独特、新颖，富有创造性<br>6. 小组学习中互相帮助、互相尊重，团结合作 | | | |
| 创新能力 | 1. 主动探究发现问题<br>2. 多角度、多种方法分析解答问题<br>3. 敢于发表自己的意见，标新立异 | | | |
| 探究能力 | 1. 是否能发现问题<br>2. 是否能提出问题<br>3. 是否能分析、理解问题<br>4. 是否能解决问题 | | | |
| 实践能力 | 1. 利用学具进行研究<br>2. 解决生活中的数学问题 | | | |
| 运用能力 | 1. 是否掌握了必要的基础知识与技能<br>2. 是否获得了进一步发展的能力<br>3. 是否能够解决日常生活中简单的实际问题 | | | |

## 表三 小学数学研究性学习效果综合评价指标体系表

班级：_____ 姓名：_____ 评价时间：_____

| 一级指标 | 二级指标 | 分值 | 得分 | 定性评价 | | |
|---|---|---|---|---|---|---|
| | | | | 学生的话 | 老师的话 | 家长的话 |
| 基础知识（50分） | 小测 | 5分 | | | | |
| | 单元质检 | 10分 | | | | |
| | 期末质检 | 20分 | | | | |
| | 课堂作业 | 5分 | | | | |
| | 预习复习 | 5分 | | | | |
| | 课外作业 | 5分 | | | | |
| | 共得分 | | | | | |
| 能力（30分） | 实践操作 | | | | | |
| | 计算能力 | 5分 | | | | |
| | 口头表达能力 | 5分 | | | | |
| | 思维能力 | 5分 | | | | |
| | 记忆能力 | 5分 | | | | |
| | 分析综合能力 | 5分 | | | | |
| | 创新能力 | 5分 | | | | |
| | 总得分 | | | | | |
| 表现（20分） | 学习习惯 | 5分 | | | | |
| | 学习态度 | 5分 | | | | |
| | 交流协作 | 3分 | | | | |
| | 作业书写 | 2分 | | | | |
| | 动手实践 | 5分 | | | | |
| | 总得分 | | | | | |
| 竞赛加分（10分） | 获校级奖 | 1分 | | | | |
| | 获区级奖 | 2分 | | | | |
| | 获市级奖 | 3分 | | | | |
| | 获省级奖 | 4分 | | | | |
| | 总得分 | | | | | |
| 综合分 | 学期总成绩 | | | | | |
| | 评定等级 | | | | | |

## 表四　数学科作业检查评价表

班级：_____　姓名：_____　评价时间：_____

| 情况分析<br>评价对象<br>评价指标 | | 作业检查情况 | | | 综合评价 |
|---|---|---|---|---|---|
| | | 学生自评 | 学生他评 | 教师评价 | 任课教师评价 |
| 作业质量 | 书写 | | | | |
| | 优良率 | | | | |
| | 解题的创新性 | | | | |
| 学习态度 | 按时完成情况 | | | | |
| | 订正情况 | | | | |
| 存在问题<br>及对策 | | | | | |
| 家长<br>评价 | | | | | |

备注：

1. 学生评价以班为单位进行学生自评和他评。

2. 教师评价由教研组组织教师进行检查评价。中段、期末前，数学教研组各进行一次作业检查。

3. 作业检查情况给予"优、良、合格、待提高"四个等级的评价。

4. 综合评价由任课教师给以定性评价。

# 追寻个性化学习

## 网络环境下个性化学习实验研究

个性化学习模式的设计，是以教育哲学、教育心理学、教育传播学、管理心理学等多学科理论为支撑，以提高自主学习者的整体素质、学习效益为目标。几年来，我校开展"网络环境下个性化学习模式的研究"，旨在结合网络培养学生学习的意识和习惯，为学生创设良好的学习环境，尊重学生的个体差异，鼓励学生选择适合自己的学习方式。下面将本课题研究情况报告如下。

### 一、课题研究的背景

进入 21 世纪以来，以计算机技术、网络技术为特征的现代信息技术，在社会各个领域中已得到广泛应用，它正在影响和改变着我们现有的学习方式、工作方式、生活方式和思维方式，并向教育提出了严峻的挑战。信息的获取、分析、处理和应用的能力，已成为现代人最基本的素质、能力和文化水平的标志。从小培养学生掌握和应用现代信息技术是现代信息社会对学校教学提出的新要求，也是学校全面实施素质教育的重要一环。

随着现代教育技术的发展，以及计算机的普及、信息技术的迅猛发展，学生在网络环境下学习逐步成为现实。一方面，随着新课程改革在学校全面实施，加速了我校教育信息化的进程，信息技术在学校教育教学中的应用已显得越来越普遍；另一方面，信息技术在改变人们日常生活方式的同时也在悄然改变传统的学习方式。传统的学习方式是以教师授课为主，是集体化、无个性化的学习行为；个性化学习模式则是以学生自主性、探究性学习为主，是富于个性化的多种学习行为。传统教学是说教式的、分学科的定时教学；信息时代应是交互式的、多学科交叉的问题解决式的学习。

《基础教育课程改革指导纲要》指出："学生是学习的主人，学生的发展是教学活动的出发点和归宿，学习应是发展学生心智，形成健全人格的基本途径。完整的学习过程应是学生在获得必要的基础知识和基本能力的同时，情感、态度、价值观都能得到发展。在教学过程中，要使学生学会针对不同的学习内容，运用多种学习方式，使学习成为在教师主导下主动的、富有个性的过程。"课程标准指出："现代社会要求公民具备良好的人文素养和科学素养，具备创新精神、合作意识和开放的视野，具备包括阅读理解与表达交流在内的多方面的基本能力，以及运用现代技术搜集和处理信息的能力。"现代网络技术在教育中的应用日益广泛和深入，为中小学教育实现这一目标提供了丰富的资源。互联网具有便捷性、交互性、超时空、资源共享等特点，将其进一步与多媒体相结合，将发展出一种适应21世纪教育需要的全新教育体制与教学模式。这种教学模式可以最大限度地发挥学习者的主动性、积极性，既可以进行个别化教学，又可以进行协作型教学，还可以将这二者结合起来。这种教学模式可以完全按照个人的需要进行，包括教学内容、教学时间、教学方式甚至指导教师都可以按照学习者自己的意愿或需要进行选择，因而极具个性化。

我校创办于2003年，其创办的初衷就是要建成一所高起点、高标准、高水平的现代化窗口学校。五年来，我们秉承这一宗旨，大力发展现代教育技术，配备了各种现代化的教学设施，建成了比较先进的、完备的现代教育技术系统，现已建成千兆校园网络，并建立了校园网站资源库、课件库。学校有网络多媒体计算机教室2间、多媒体语音室1间，可进行网络多媒体教学的教室有24间。学生从一年级开始学习信息技术课程，其运用网络学习能力不断提高；参加研究的教师专业水平和教学经验达到学习指导要求，为顺利进行研究提供了人力、物力保障。借助网络开展各学科的研究性学习实践活动，要进行大量的资料收集、分析和运用，可以使学生获得亲身参与研究探索的体验；可以更好地促进发散思维的培养，提高发现问题和解决问题的能力。网络资源丰富的特点，可以使学生接触到各式各样、方方面面的信息，使学生视野不再局限于书本内容，学生信息素养能力得到培养；学生的学习方式得到改变，让学生学会分享与合作，培养其责任心和使命感，并获得终身学习的能力。同时，教师在组织、指导、促进、参与过程中，与学生一起成长，建立新型的师生关系，促进专业化成长。因此，我们开展"网络环境下个性化学习模式的实验研究"无疑具有深远意义和积极作用。

## 二、课题研究相关概念界定

教育研究的生命在于条件控制。为了规范研究行为，我们界定了课题研究的基本概念，在明确网络环境和个性化学习的一些新特点之后，对其进行要素或水平划分，确保了实践可操作、可检测，目标可实现、可评价。

### （一）网络教学环境

网络，在这里特指互联网。所谓基于网络环境，就是通过主题学习网站或者是其他网站相关内容，构建虚拟和现实相结合的学习情境。学生与教师在此环境中实现基于丰富资源的交互式教与学，也包括仅仅利用网络进行信息检索与搜集的学习和教学指导活动。网络教学环境必须具有开放性、探究性和实践性的特点。

1. 开放性。学生学习的内容涉及范围广泛，可以是来源于学生的学习生活和社会生活，立足于研究、解决学生关注的一些社会问题或其他问题；可以是某学科的或某个知识点；可以是多学科综合、交叉的，具有很大的灵活性，为学习者、指导者发挥个性特长和才能提供了广阔的空间，从而形成一个开放的学习过程。

2. 探究性。学生的学习不是被动地记忆、理解教师传授的知识，而是敏锐地发现问题，主动地提出问题，积极地寻求解决问题的方法，探求结论的自主学习的过程。因此，教师不能指定某个材料让学生理解、记忆，而是引导、归纳、呈现一些需要学习、探究的问题。这个问题可以由展示一个案例、介绍某些背景或创设一种情境引出，也可以由教师直接提出，还可以引导学生自己发现和提出。

3. 实践性。强调与社会、科学和生活实际的联系，特别关注环境问题、现代科技对当代生活的影响以及与社会发展密切相关的重大问题。引导学生关注现实生活，亲身参与社会实践活动。

## （二）个性化学习

在内容与方式上充分关注学习态度，重视学习过程与方法，重视交流与合作，重视动手实践。学生是否掌握某个具体的知识并不重要，关键是能否对所学知识有所选择、判断、解释、运用，从而有所发现、有所创新。研究性学习的评价包括六项指标：①问题水平；②理解水平；③参与水平；④关注水平；⑤综合水平；⑥信息素养。

指标具体描述：学生对活动过程中遇到概念性知识的理解和掌握程度；是否获得亲身参与研究探索的体验；在整个活动过程中主动参与的程度，是否学会分享与合作；关注未来社会和科技发展趋势的程度，发现问题和解决问题的学习能力是否得到提高；收集、分析和利用信息是否贯穿于整个学习过程的活动主线。能够熟练运用网络工具获取所需要的信息；能够通过复杂的思维活动来分析处理信息；能够运用综合能力重新组织信息，从而获得创新解决问题的方法；学生学科综合成绩发生变化。在发现问题的过程中激活各科学习中的知识储存，在解决问题的过程中提高自己的综合实践能力。

# 三、研究所遵循的理依据

## （一）人本主义理论

人本主义强调人的尊严、价值、创造力和自我实现，把人的本性的自我实现归结为潜能的发挥，而潜能具有类似本能的性质。人本主义主张心理学必须从人的本性出发研究人的心理。人本主义教学思想关注的不仅是教学中认知的发展，更关注教学中学生情感、兴趣、动机的发展规律，注重对学生内在心理世界的了解，以顺应学生的兴趣、需要、经验以及个性差异，达到开发学生的潜能、激发其认知与情感的相互作用，重视创造能力、认知、动机、情感等心理方面对行为的制约作用。

## （二）建构主义学习理论

建构主义强调以学生已有的知识经验为基础，引导学生主动自觉地进行学习，重新生长出新的知识。

建立在建构主义理论上的自主学习的动力来自学生对知识的期待，包括学生获取知识前通过自主学习产生的疑问，以及对知识、信息的渴望。这是真正意义上的个体内在需要和追求，也是学生主体表现自我的自由方式。教师教学时不能停留在对课本的照本宣科，而是指导学生发现问题、提出问题、解决问题。这是我们构建个性化教学模式重要的学习论基础。

## 四、课题研究的主要目标和内容

### （一）本课题研究要达到的目标

1. 通过研究和实践，形成个性化学习的比较系统的理论认识和教学策略，着力进行学生自主学习改革，探索出一套切实可行的个性化学习方法，充分发挥研究的辐射作用，全面提高学生学习效率。

2. 通过研究和实践，逐步积累并整理相关的实验材料，促使教师掌握先进的课程理论，增强课程意识，优化教学过程，以达到最佳的教学效果。

3. 有效地提高学生自主探究、合作学习的能力，提高学生收集、整理、应用信息能力和提出、研究、解决问题能力以及合作协调能力。

4. 探索通过信息技术来认识小学生学习现状的途径、工具、方法，学会分析学生、了解学生，能比较科学地把握学生个性化学习的特征。

5. 提炼并总结出在网络环境下学生个性化学习理论、学习方式、学习评价等方面的经验，并上升到一定的理论水平。

6. 培养一支具有先进教育思想、较强科研能力、鲜明教学个性的教师队伍，形成一整套科学完善的教师管理与培养模式。

### （二）本课题的研究内容

1. 网络环境下，教育资源的开发和利用的研究。

2. 基于计算机校园网环境下，教育资源库建设与学科教学内容有机整合的研究。

3. 基于网络环境下，小学生个性化学习的基本程序、策略和方法的研究。

4. 网络环境下个化性学习模式中教师作用的研究。

5. 网络环境对学生学习兴趣、学习习惯及学习方法的影响的研究。

## 五、研究的主要过程与方法

### （一）明确研究思路

本课题在现代学习理论、创造教育理论、思维科学理论以及信息科技理论等理论的相互渗透、融合指导下，运用网络环境，通过探索"整合"规律，改变教师的教学方式与学生的学习方式，培养学生的自主学习能力和创新思维能力，发展他们的创新精神与实践能力。与此同时，进一步完善校园网环境建设并开发一批综合性专题学习网站，创建丰富的教育教学资源库，促进课题研究深入发展。

着眼"新"：运用先进的教育技术和研究性学习教学设计理念，依托网络环境促进新的教学组织形式生成和发展。

注重"实"：在开展课题研究的过程中操作不能空，按照方案确定研究内容、目标和方法，把操作工作做实，把研究工作做细，力求把新课程的理念、方法和措施落实到课堂，落实到每个研究性学习环节。

把握"活"：在个性化学习与活动中充分发挥网络资源的优势，突出个性特点，使教学充满生气，形成生动活泼的学习气氛。

强调"整"：整合网络资源和多维教学目标，整体设计教学与活动过程，充分发挥研究的整体功能，提升整体研究学习效果。

### （二）确定研究方法

本课题研究主要以行动研究法和实验法为主，侧重于行动研究法，辅之以文献法、总结法、评价和分析等研究方法。

1.行动研究法。实践是检验真理的唯一标准，以活动为主要开展形式，强调学生的亲身经历，要求学生积极参与到各种活动中去，在活动中发现和解决问题，发展实践能力和创新能力，培养个性。

2.文献法。用于有关理论研究，选辑资料。在科学理论的指导下研究每个方案的可行性。

3.评价和分析法。通过比较分析辨出方法措施的优劣与可行性，去劣存优，去粗存精，进而总结出一套行之有效的可操作、可推广的方法措施。

4. 总结法。对研究过程中的一些体会和经验及时写成书面材料并进行总结反思，在杂志上、网上交流。

**（三）研究采取的主要措施**

组织开展网络环境下的教学研究活动，扎扎实实地开展课题研究工作。

1. 管理层面

（1）由学校领导、教研组组长、青年骨干教师组成课题研究领导小组，全面主持课题研究工作。

（2）不断调整、完善课题研究方案，推进课题研究的发展。在研究过程中，根据出现的问题和网络环境下新技术的广泛应用，我们不断调整原有的课题方案，加以充实和完善，不断拓宽课题研究思路，以适应教育改革发展需要。

2. 教师层面

（1）重视课题理论的学习。定期组织课题组成员开展理论学习活动，研讨网络环境下个性化学习理论，提高课题实验教师对这一教育理念的认识，使其积极投身课题实验中。

（2）为了提高青年教师网络教学能力，我校聘请相关技术人员开展了网络环境下教学师资的培训（如网页制作培训、Flash 动画制作培训等）。通过培训，青年教师普遍具备了网络教学能力，多名青年教师具备了独立制作学习课件的能力。

（3）积极鼓励、组织青年教师开展网络环境下教学实践活动。规定课题组青年教师每学期上不少于 1 节的网络教学课，并积极创造条件，在各级各类教研活动中展示。

3. 学生层面

在保证信息技术课和其他各学科向网络迁移的基础上，向学生开放网络教室，提高学生信息技术应用能力，特别是提高学生网络环境下利用各种平台进行学习的能力。

（1）指导学生掌握各网络平台、网络工具的基本使用方法，为开展网络环境下个性化学习打好基础。

（2）指导学生在网络环境下尝试不同学科的学习、同一学科不同学习内容的个性化学习，并根据学习的需要，在教师的指导下灵活地运用各种网络平台开展个性化学习，有效地提高学生自主探究、合作学习的能力。

**（四）实施步骤**

第一阶段：研究准备阶段（2008 年 9 月—2008 年 12 月）

通过网络搜集关于小学生个性化学习的文献资料，调查教学中教师关注学生的教学现状，组织教师研讨论证课题研究的可行性。了解制定课题计划，设计研究方案，邀请专家对课题研究方案进行论证。建立课题研究组织，落实人员分工。

第二阶段：实施阶段（2009 年 1 月—2012 年 6 月）

（1）尝试研究阶段（2009 年 1 月—2009 年 12 月）。在有关专家的指导下修改完善总课题研究方案；借助电子阅览室、多媒体网络教室及校内局域网为学生开设小型"研究性课程"，开展尝试性研究。

（2）深入研究阶段（2010 年 1 月—2012 年 6 月）。深入探讨科学、合理地运用现代化教学设施，特别是校园网络，构建具有多样性的个性化教学模式；重点探讨模式的结构类型、媒体环境及效果评价。

第三阶段：总结推广阶段（2012 年 6 月—2012 年 12 月）。

撰写课题研究报告；整理、汇编教师有关经验论文、教学设计、个案研究等成果资料。

## 六、课题研究的主要成果

### （一）形成了网络环境下个性化学习基本组织形式

在课题研究过程中，我们归纳提炼出在网络环境下进行个性化学习的基本组织形式：创设情境—提出问题—搜集信息—提问质疑—筛选问题—合作研究—解决问题—成果交流—课外延伸。课前创设学习情境，要求教师要创设一种知识点存在于其中的教学情境，让每名学生都能在情境中找到自己的位置，达到"不愤不启，不悱不发"的情感阶段。因此情境创设的好坏将直接影响学生对研究问题的兴趣程度和投入动力，甚至影响整个研究活动是否能顺利开展。教师要充分利用网络资源搜集所需要的有用信息，引导学生质疑，让学生讨论有价值的一些问题，并进行优化整合，形成结论。如教学"轴对称图形"时，教师创设"对称图形王国"情境，让学生感受对称图形的美，并提问：美在哪里？生活中有哪些物体是这样的？学生带着问题从网上收集资料，然后进行展示与交流，并判断大量的图形哪些是对称的，哪些不是对称的。对于较复杂的图形判断出现不同的声音时，一场激烈的争辩开始了。"小房子是一个轴对称图形。""它不是一个轴对称图形，因为它的右边有窗户，左边却没有。"……双方争执不下，于是教师立刻组织学生在小组中互相讨论，形成结论，加深对轴对称图形的认识。个性化学习让学生真正成为学习的主体，使教师的"教学过程"成为学生的"学习过程""研究过程"。教师指导学生如何对获得的资料进行学习、消化、筛选、处理是关键，学生把刚获得的知识经过自己的消化吸收并和自己已有的知识进行整合优化，内化成自己的知识，然后用自己的语言表达出来，让大家共同分享。学生也可以把学习过程中出现的问题、想法、见解等通过留言板和老师、同学进行交流。这充分体现了师生、生生之间的研究互动性。

**（二）开展了基于留言板、论坛的个性化学习**

交流信息、开展讨论是个性化学习重要的方式，论坛无疑是进行信息交流、开展讨论最好的去处。就学生而言，在论坛中可以更快地获取更多的信息，可以和同学交流信息，交流学习的成果和经验，可以对学习中的问题开展讨论；就教师而言，在论坛中可及时监控学生的自主学习过程，发现学生在学习过程中遇到的问题与困难，听到学生发自内心的最真实声音，并及时加以引导，排忧解难。

**（三）形成了系列个性化学习策略**

1. 差异性与合作性相结合的个性化学习。差异性学习的前提是充分考虑学生的个性差异和个体的内在差异，尽可能充分反映学生对学科的不同要求。例如：每一天下午第三节对全校学生开展个性化学习培训，让每个学生根据自己的兴趣爱好选取不同的素质提高班进行学习，使每个学生都能采取适合于他们自己的学习形式，从而使有潜能的学生有更大的发展空间，相对滞后的学生能学有所得、学有所成。我们的方法是对不同的学生，实行不同层面的教学，各有侧重，为学生提供选择课程的机会。如开展春节文化课程展示，让学生利用网络进入主题网页平台，了解春节文化背景知识等，在此基础上，利用所学知识及网上资源包括图片、文字、音频、视频等设计方案。在小组合作设计方案阶段，由3—6名学生组成策划小组，以主题形式用PPT设计一个方案。方案的主题由学习小组自定，通过主题展现各组的设计亮点，随后将作品上传到本校专题网站学生作品栏目中，最后进行集中展示、交流和评价。这样，既有传统文化教育，又有数学知识渗透，还有丰富的活动元素，使每个学生都喜欢参与、乐于参与。

2. 综合性和实践性相结合的个性化学习。综合性学习的提出源于自然界的整体性和综合性，原有的学科分类只是人为设置。综合性学习有利于学生形成合理的知识结构和解决实际问题的能力。这方面，我们有特色的课程是信息技术综合实践课程，其教学内容涵盖多学科。我们在课程实施中充分发挥学生的主体作用，广泛提高学生的积极性，培养学生的钻研精神，通过活动使学生的个性得到充分发展。如少先队员开展"小学生与网络"主题学习活动，营造文明上网、上文明网的氛围，提高队员的网络素质，促进队员们的网络健康；通过一系列的调查、采访活动，引导队员更好地利用网络信息为自己的学习服务，提高队员们的综合素质能力；通过制作电子作品、班级网页的实践，认识自我、展示自我、发展自我、建立自信，激励队员在不断的体验中感受快乐、获得成功。各小队积极收集有关信息技术方面的影像资料，对我校学生家庭使用电脑情况进行调查、制作汇报表，采访家长、校长社会人士，收集我校信息教育的有关成果。为了抵制网络带来的不良影响，各小队学习了《青少年上网守则》，并向全体少先队员发出倡议：要遵守学校纪律，不旷课上网吧玩；要讲究时间观念，不通宵达旦上网；要善于网上学习，不浏览不良信息，诚实友好交流，不侮辱欺诈他人；要增强自护意识，不随意约会网友；要遵守网络道德，不破坏网络秩序；要有益身心健康，不沉溺虚拟时空。

3. 学科性和主题性相结合的个性学习。开展本课题研究不可能平均使用力量，在学科个性化学习实践中通过选择一些有代表性主题开展学习往往能收到好的效果。教学活动强调学生是学习的主体，是自主探索学习者，教师则组织学生通过欣赏比较范例、评价作品，促进学生更好地完成学习任务，成为学习的指导者、促进者。

### （四）建构了数学个性化学习模式

我们以获得的创新学习经验为借鉴，不断研磨实验课，优化教学策略，指导学生学会学习，从而建构出数学个性化学习模式。

1. 课堂上实现个性化学习。课堂上主要进行师生互动，生生互动，交流讨论，解决疑问，实践探究，实现个性化的学习。学生在教师的引导下，根据自己的基础进行选择性学习。优秀生可以采用自主式学习，直接通过自学，自我发现问题、解决问题，进行归纳梳理总结，实现数学建模；中等生可根据自学提纲采用探究式、讨论式学习方式，进行自学或采取分组讨论，以找到解决问题的方法；学困生则在教师或同伴的直接指导下，学会思考，掌握学习方法，完成学习任务。

2. 课外实现个性化学习。将线上学习与线下学习结合起来，学生根据自己需要课下观看网络视频课程，进行预习或复习。

3. 作业上实现个性化学习。变机械性作业为研究性作业，变单一性作业为分层性作业，变记忆性作业为资源整合分析作业。

数学个性化学习模式的主要特点包括以下几点。

1. 借助丰富的网络资源，让学生选取自己喜欢的素材进行学习。

2. 组建"学习小组"，让学习层次不同的四名学生组成学习小组，充分发挥同伴互助作用，让学生在小组内互帮互学，让学生在同伴激励下积极主动学习。

3. 学生学"生活中"的数学。让学生从自己熟悉的情境中发现问题、凝练问题、解决问题，并用所学知识解决身边的数学问题，让学生觉得学习就是用自己喜欢的方式解决自己熟悉的生活问题，激发学生探究的欲望，学习的兴趣。

4. 引导学生在"做中学"。听到的不如看到的记得牢，看到的不如自己亲自实践掌握得好，所以要给学生创造尽可能多的实践探究的机会，让每个学生在具体的实践操作中学习数学，让他们在做中感悟数学原理。

5.运用现代教育技术辅助个性化学习，引导学生由课内学习延伸到课外学习，培养学生获取信息的能力和自学能力。

**（五）课题研究的实践成果**

1.学生信息素养、社会实践能力和学科综合水平提高快

学生对信息的获取、分析、加工、创新、利用和交流等能力增强；学生已经初步具有利用信息技术来完成学习任务的意识和能力。例如，神舟九号飞天成功后，我们组织学生进行"神舟九号，我们的骄傲"主题学习。学生通过网络资源收集了大量有关神舟九号的文字、图片资料，比较全面地了解了景海鹏、刘旺、刘洋的事迹以及神舟九号的常识等，通过制作幻灯片、设计电脑小报、画图等方式展示研究成果。这不但培养了学生的信息素养，也促进了学生整体素质的全面提高。

2.教师教学观念与个性化教学行为普遍得到更新

本研究末期，我们对"网络环境下的个性化学习实验研究"课题进行了教师调查。通过调查结果可以看出，教师对自己的角色和课题有了重新认识。教师改变了知识观、学生观、教学观，学习知识不再是一种静态的结果，而是一种主动建构的过程。教师把学生看作是自主的学习者，而教学过程是对话与知识的建构活动，没有与学生沟通的教学是不可想象的。教师与学生是平等的关系，互相尊重，真诚交往，共同探讨，交流获得知识的体验。在个性化学习中，教师的作用发生了变化，由"教"转向了"导"。教师与学生之间不再是"教"与"被教"的关系，而是朋友式的合作伙伴的新型师生关系。开展网络环境下的个性化学习课题研究后，教师的教学能力和科研能力有很大的提高。通过研究实践，课题教师能够运用信息技术表达教学内容、教学方法，优化设计教学。在学习中，教师既是学习活动的组织者，又是学习过程的引导者和参与者。教师在为学生构建开放的学习环境的同时，也为自己构建了开放的教学环境，并在组织、指导活动中，与学生一起学习，一起成长（例如学会制作网页、网站），建立了民主、合作的师生关

系，促进自身的专业化成长。

3.形成了教育信息化品牌特色

（1）课件开发建设卓有成效。教师参加各种课件制作大赛获奖有11人。学生电子作品有100多篇参加全国和全省有关征文比赛获奖。

（2）信息技术创新实践成果十分突出。

（3）网络环境下的个性化学习研究成果丰硕，产生了积极的和广泛的社会影响。积极参与市教育局组织的送教下乡到各县的活动；多次为深圳、珠海、中山、韶关等市及我市各县小学教师提供了优质观摩课现场；成功承办了"省说课比赛""市、区优质课、教师教学技能展评"等大型活动共16次。

## 七、研究问题讨论与反思

1.适合小学生学习的网络资源相对缺乏

有利于学生开展个性化学习的素材相对缺乏，搜索并整理筛选资源工作量大，需要师生投入相当大的精力和时间。根据主题研究的需要开辟专题学习网站，可以弥补学习资源不足的缺陷，让更多师生共享资源。但反映有关主题内容的网络资源不足，教师需要另想办法寻找资源。

个性化学习作为一种以培养学生创新精神和实践能力为目的的新型学习方式，不仅以相对独立的实体形态存在着，而且以非实体形态存在于学校教育的一切活动过程中，尤其是各学科的课堂教学中。教育实践也证明，在当前基础学科课程和课堂教学占优势的情况下，学生个性化学习能力的培养仅靠基于网络环境的部分研究课，是很难奏效的。因此，应进一步拓展理念，渗透扩张，着力构建以教学为基础，以适合小学生的主题课程为核心的学习课程体系，以弥补网络资源的相对不足。

2.实施网络环境下的个性化学习还需要进一步条件支撑

学生网络技术运用水平不齐，影响了个性化学习水平。如我们在研究过程中提出要让学生生动展现学习成果，可以通过相关的视频、动画、图片故事等形式来介绍相关学习成果，而不仅仅局限于文字材料，这对一些学生来说有难度。而有些学生因搜索能力和语言表达水平较差，无法对搜索到的大量学习资源进行筛选和表达。

网络资源可以促进个性化学习，但用得上的才是有用的。况且网络资源良莠不齐，小学生鉴别能力弱，一些不好的资源不仅起不到应有的教育效果，还会影响学生的健康发展。根据学科教学目标，我们认为，研究只是一种形式，网络也只是一种手段，形式与手段是为学生学习与交流服务的，关键要看该不该用、什么时候用、用得好不好。对于某些学习内容，有时只需要利用一张情景图、一段音频、一段视频或一道开放题，就能解决研究性学习中的某一的问题。我们要树立一种大的资源观，还要考虑学科本身的特点和教学目标，不可偏废，这样才使我们的课题研究健康地发展。

个性化学习对网络交互性的要求日益增加，已经不局限于将网络作为信息搜集的工具，网络共享交流与自我展示功能在小学个性化学习中的作用日趋明显。学校自己创建的网站难以满足这样的技术要求，可能需要更多技术平台的支持。由于每个学生家庭物质条件不一，有些家庭没有电脑，有些家庭有电脑，家长对小学生上网不放心，完全让学生在学校上网条件又有限，如何有效解决这一问题还待进一步研究。

3. 网络环境下个性化学习评价体系如何建立及效果如何进行归因，需要理论上的进一步指导

网络环境下的个性化学习作为一种新的学习方式，具有相对的灵活性、开放性特点，学习效果往往是综合性的，很难说取得的一些成果都是网络环境下学习的效果。评价体系如何建立，效果如何科学合理地归因还有待于深入研究。此外，本课题研究还需要评价理论的支撑。

2012 年 12 月

## 以学定教，实施谐趣教学

# 小学生年龄特征与教学范式探索实验

### 一、问题的提出

我于 2014 年 1 月调到化育小学后，经过学情调查，发现后进学生很大一部分是注意力持久性较差，课堂上经常分心，导致没有掌握所学的知识点，而课后又无人辅导，久而久之就失掉了学习的兴趣和主动性，最终出现厌学情绪。要提高学校教学质量，首先要改变学生无心向学的问题，而适合小学生年龄特征的教学范式是解决这一问题的有效手段。因为不同年龄阶段的学生，其生理、心理特征也不同，所以只有在掌握学生年龄特征的基础上，了解学生在感知、意识、理解、能力及兴趣爱好的不同，构建适合他们年龄特征的教学范式，才能激发学生的学习兴趣，有效地提高课堂教学效率，提高教学质量。为此，我向广东省教育研究院提出了"小学生年龄特征与教学范式探索实验"的课题申请，经评审专家组审核批准立项后开展实验，并于2016 年 7 月通过结题验收。

### 二、研究的现状

#### （一）西方的研究现状

1. 由归纳型向演绎型教学模式发展

归纳型教学模式重视从经验中总结、归纳，它的起点是经验，形成思维的过程是归纳。演绎型教学模式指的是从一种科学理论假设出发，推演出一种教学模式，然后用严密的实验来验证其效用。它的起点是理论假设，形成思维的过程是演绎。归纳型教学模式来自教学实践的总结，不免有些不确定性，有些地方还不能自圆其说。而演绎型教学模式有一定的理论基础，能够自圆其说，有自己完备的体系。

2. 教学范式研究的主要成果

教学范式是指人们对教育领域教学这一特殊现象和复杂活动的基本理解或基本看法。尽管古今中外的学者对教学有多种多样的解释，但从当代西方教学范式研究的主要成果来看，主要有艺术范式、科学范式、系统范式、技能范式和反思范式。

（1）教学的艺术范式

在西方，把教学看成是一门艺术的观点不仅具有很长的历史，而且具有鲜明的现代特征。近代捷克大教育家夸美纽斯在其《大教学论》一书的开篇就将教学定义为知识教学的艺术。他认为教师要善于合理安排时间、教授学科知识和选择教学方法的技能。

黑格特在《教学艺术》中也指出，好的教学有三个必备条件：第一，教师必须具有扎实的专业知识；第二，教师必须对他 / 她所教的学科充满热情；第三，教师还必须热爱他的学生。伊斯奈尔认为教学有四个基本特点：第一，伴随着特殊技能的教学活动常常以其优雅的表演给人一种美的体验；第二，教学活动的开展往往需要教师具有定性的或质的判断能力；第三，教学活动的开展并非常常按照一种惯例进行，有着偶然性和不确定性；第四，教学结果经常是在其进行过程之中产生的，甚至可能是教师无法预料到的。

（2）教学的科学范式

科学范式强调教学要有章可循，不能过分地自行其是。科学范式着眼于从教学的规律性和原则性上解释教学。科学范式的倡导者之一加涅就坚持认为，适应医学、工程学和其他社会科学的应用科学也同样适应教育教学科学。另外，文献研究也表明，当代西方许多教学模式都是建立在心理学和社会学基础之上的。

不过，教学既是一门艺术，又是一门科学，是艺术与科学的统一体。这已为众多学者所认可。

（3）教学的系统范式

美国学者科兹马在《大学教学法》中就曾对教学的系统性进行了较为成熟的论述。他不仅强调了教师、学生、教学内容和教学手段这四个基本因素在教学系统中的地位和相互关联，而且还突出了环境与评价因素的特殊作用。

（4）教学的技能范式

把教学看作是一种能力或技能的范式主要由美国学者所倡导。技能范式的理论基础是行为主义心理学关于教育目标的具体化和教学行为的可观察性思想，即教学是一种可以通过培养和提高的个人职业技能活动。西方运用微格教学技术在大学环境中通过微格实验室培养师范生的教学技能，比如导入的技能、强化的技能和提问的技能等等。20 世纪 80 年代以后，技能范式的发展与道德教育紧密地联系在一起。汤姆认为，教学是一种复杂的社会实践活动，充满了道德与价值观问题。作为从事这一活动主体的教师必须是一个品行端正的人。教学的中心应该是促进学生道德的提高和正确价值观念的形成，而非仅仅给学生传授现成的知识，因此应该从道德教育的角度去考虑教学是什么，进而揭示教学的本质。汤姆对教学的基本定位是：教学是一种道德传递技能。其理论依据是教育伦理学思想。

技能范式的优点在于它强调教学能力和技能是可以培训并不断提高的。这一观点对后来的教师教育模式从传统的知识本位或学术本位向能力或实践本位的变化起了重要的推动作用，它的价值就在于突出了教学专业是需要特别技能的，而不是任何人随便就能当教师的。

（5）教学的反思范式

在西方，把教学看成是一种活动的范式有三种类型：一是认为教学是一种普通的实践活动；二是将教学看成是一种教师与学生之间的双边活动，教学应该是教师的教授活动与学生的学习活动的统一体；三是认为教学是一种反思的实践活动。反思范式是进入 20 世纪 80 年代以后，随着肖恩《反思的实践者》一书的出版而出现的一种新的教学范式。大量的研究文献表明，这种范式可以说是目前西方非常有影响力的教学范式。肖恩认为，教学过程实际应该是一种对教学实践的不断反思的过程；要促进教学专业的发展，教师就应该成为一个反思的实践者。教师只有连续地在教学中实践，在实践中反思，才能不断地提高教学能力和水平，从而保证教学质量的提高。

### （二）国内的研究

**1. 从单一教学范式向多样化教学范式发展**

由于新的教学思想层出不穷，再加上信息技术的广泛使用，教学产生了很大的变化，出现了"百花齐放、百家争鸣"的繁荣局面，如抛锚式教学、发现法教学、个性化教学、尝试法教学、杜郎口教学等。

**2. 由以"教"为主向以"学"为主的教学发展**

传统教学模式是从教师如何去教这个角度来进行阐述，忽视了学生如何学这个问题。现代教学模式的发展趋势是重视教学活动中学生的主体性，重视学生的参与，根据教学的需要合理设计"教"与"学"的活动。

## 三、课题研究的意义

教学的主阵地是课堂，课堂改革的成败、课堂效益的高低决定着学校教育教学质量能否进一步提升与发展。随着课改的不断深入和"互联网+"教育的实施，学校借助现代信息技术开展"小学生年龄特征与教学范式探索实验"的研究，可以真正做到因材施教，充分发挥学生的主体作用，促使学生在课堂上积极主动学习，从而全面提高教学质量。

## 四、小学生年龄特征与教学范式探索实验研究的理论依据

### （一）"以学定教"的教学理论

"以学定教"理论是一种明确学生主体地位的教学理念，也是一种设计和实施教学的指导方法。所谓"以学定教"，就是以学生的身心发展素质为基础，以科学的学习规律为依据，以科学的学习方法为纲要，以发展思维、提高学习能力为主线，以素质充分发展为目标，以高效的学习思路为设计蓝图，遵循相应的教学原则，让学生在积极主动的学习活动中，建立合理的知识结构，获得科学高效的学习方法，形成较强的学习能力，养成良好的思维品质，促进身心素质和谐发展。它是指教师依据学生的学习兴趣、状态、发展、规律等调整教学顺序，并做出教学内容和方法的选择。"以学定教"注重学生自身的发展，注重学生的个性完善，着眼于生活实践与课程教学的结合。

### （二）建构主义学习理论

建构主义认为，学习者要想完成对所学知识的意义建构，即达到对该知识所反映事物的性质、规律以及该事物与其他事物之间联系的深刻理解，最好的办法是让学习者到现实世界的真实环境中去感受、去体验（即通过获取直接经验来学习），而不是仅仅聆听别人（例如教师）关于这种经验的介绍和讲解。

### （三）人本主义学习理论

人本主义倡导的学习原则：1.在学与教的关系上，应该置学生于教学的主体地位，以学生的学为中心组织教学；2.在教学目标上，要以教会学生学习为主，而不是以传授知识为主。

### （四）因材施教理论

"因材施教"就是针对学生的具体情况、个性差异进行不同的教育，或采取不同的措施，使他们成为社会所需要的人才。

## 五、解决问题的过程与方法

### （一）解决问题的思路

1.充分运用互联网技术丰富教学资源，优化教学手段，激发学生的学习兴趣。

2.通过改革教学方式、组织形式、评价形式，激发学生学习兴趣，培养学生的灵活思维。

3.通过实践与研究，创立一套科学、民主、高效的数学教学范式，促进教师的教和学生的学，使师生和谐地发展。

### （二）解决问题的方法

以行动研究法为主，辅以调查研究法、文献资料法和经验总结法。

1.行动研究法：通过开展学情调查，进行分析研究，提出课题研究的理论假设。走进课堂，广泛听课，搜集教学案例；分析教育教学过程中的问题，找出改正措施；征求教师意见，搞好落实衔接。

2.调查研究法：开展学情调查和实验效果调查，通过学情调查，确定实验方案；通过实验效果调查，进行分析总结、反思，形成新的教学策略。

3. 经验总结法：对每一次的研磨活动进行分析，发现特色；进行总结，挖掘问题，进行改进。最后总结几年来实验过程的经验和教训，构建出适合学生年龄特征的教学范式，将实验的经验形成报告、论文，使研究成果具有科学性、真实性和实效性。

4. 文献研究法：通过理论学习与培训，认真研读相关文献，汲取先进理念，转变教师观念，开拓教师视野。

**（三）研究及实践检验的阶段：**

第一阶段：研究准备阶段（2014 年 2 月—2014 年 6 月）

1. 进行学情调查。通过开展问卷调查、教师访谈、学生座谈、课堂观察等途径，发现数学教学中需要解决的问题。

2. 组织开展多种形式的教学研讨会，成立"小学生年龄特征与教学范式的探索"课题研究小组。

3. 召开课题研究会，提出课题研究计划，初步拟定课题实验方案。

第二阶段：初步探索阶段（2014 年 7 月—2014 年 12 月）

1. 学校通过"请进来、走出去"举行专题培训、专家讲座、外出学习，提高教师的研究水平。

2. 举行开题报告，根据专家意见进一步调整实验方案。

3. 课题组成员在课堂教学中改革实践，上研讨课，不断实践、研讨、反思、改进、总结、再实践，注重原始资料的收集。

第三阶段：深入实践阶段：（2015 年 1 月—2015 年 8 月）

1. 课题组全面深入地开展课题实验，每周至少推出两节研究课，并及时评课、总结、改进、调整，探索行之有效的教学方法和学法。

2. 初步构建与小学生年龄特征相适应的教学范式。

3. 及时总结，写好阶段性报告。

第四阶段：全面实施阶段（2015 年 9 月—2016 年 3 月）

1. 全校推广形成的教学范式，进行实践检验，在检验过程中不断反思。

2. 向其他学校进行推广，对形成的教学范式进行实践检验，收集意见并进行调整、改善。

第五阶段：结题与深化检验阶段（2016年4月—2016年6月）

撰写结题报告，形成系列成果，专家组审核，结题。

第六阶段：实践检验深化阶段（2016年7月—2017年8月）

进一步深化实践检验。

**（四）关于教学范式的改革与实践探索**

在实验过程中，我们做到分小组，有目的、有计划地进行研究，根据学生的具体情况，确定教法；认真分析每节研讨课，不断提高教师的教学策略，改进教学手段，优化教学方法，进行适合学生年龄特征的教学范式的探索。

1. 专家引领实验，打造高素质的团队

打造以教育专家为指导，以名教师为中坚，以优秀教师为先锋的研究队伍，形成强有力的课题实验队伍。实验教师不乏优秀教师，参与课题研究的积极性高。

2. 抓好教师培训，夯实研究基础

（1）通过组织课题组成员学习《范式与方法概论》《苏霍姆林斯基选集》等相关教育教学理论和课题研究方面的文献资料，有计划、有针对性、有重点地对课题组成员进行培训。课题组与学科教研组有机联合，利用业务学习时间，集中研读教育专著和课程改革方面的文献。

（2）"走出去，请进来"。我们将课题研究的培训工作与课改实验的培训工作有机地结合在一起，有意识地安排课题组成员参加省、市、区级课改培训、教材培训与课题研究方面的培训；同时邀请各级专家为课题研究把脉，给我们的课题研究不断提供理论上的支撑，从而使我们的课题研究成为有源之水。

3. 抓好过程管理，提升研究能力

抓好过程管理，开展磨课活动，切实引导教师剖析数学传统课堂教学范式的弊端，优化教师的教学手段，转变教学方法，构建新的教学范式。

4. 总结、反思，积聚研究成果

我们要求课题组成员在课题研究过程中，自觉进行反思，主动撰写课题研究随笔、教学设计、教学论文等，积聚研究成果。

5. 关于数学课堂教学的改革和探索

我们数学课题组规定每周二下午为研讨活动时间，开展同课异构，进行分析研讨，根据不同年龄段学生的个性特点及其喜欢的学习方式，选用不同的教学方法，开展小组合作探究、利用信息技术整合课堂、借助微课等实现课堂的前置和后延，探索出适合小学生年龄特征的数学课堂教学范式。

## 六、成果的名称

成果名称为"注重以学定教 实施谐趣教学——小学生年龄特征与教学范式探索试验"。

## 七、成果的主要内容

### （一）构建了适合小学生年龄特征的数学教学范式

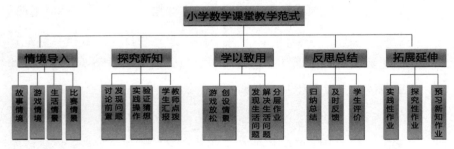

具体流程如下：

（1）情境导入，激发兴趣。根据不同的年段，创设适合学生年龄特征的有效情境，调动学生的学习积极性。情境的创设包括巧用教学资源情境、生活情境、故事情境、谜语情境，运用信息技术创设动画情境，开展游戏活动、比赛活动等，激起学生的探究兴趣。

（2）探究新知，解决问题。这一环节根据不同年段，选用下面的方式开展探究性学习。

低年级：通过创设情境，发现数学问题，开展小组合作探究，寻找解决问题的方法，学生交流，汇报总结，教师点拨。

中年级：交流前置作业，发现存在的问题，引起思维的碰撞，开展实践操作，解决疑点，形成体验，交流汇报，教师点拨。

高年级：借助微课视频，实施分层教学，解决自学中生成的问题。把最重要的知识点、学生最难掌握的知识点制成微课视频，学生在探究新知时可以有选择地去观看，针对重点、难点反复观看。这样的学习方式，细化到各学习小组甚至个人。

（3）学以致用，因材施教。

低年级：穿插简短的游戏进行趣味练习，一方面调节学习氛围，另一方面，通过游戏调动学生的学习积极性。

中年级：借助信息技术，出示生活中的情境，引导学生从情境中发现问题，并用所学的知识解决问题。

高年级：让学生寻找生活中的问题并加以解决。

针对不同的学生设计不同层次的练习，鼓励优秀生完成开放的、较难的练习；鼓励中层生在完成中等题型的同时尝试完成较难的练习；让后进生完成基础类型的同时，尝试完成中等的题型，甚至是较难的练习。学生在完成练习的过程中发现仍没有掌握知识，则打开微课视频，重新学习新知，直至掌握，然后再练习。

（4）反思总结，多元评价。这一环节引导学生归纳总结，及时反馈，质疑问难，最后实施多元评价。

（5）拓展延伸，精设作业。作业的类型应根据不同的内容设计不同的作业。

口头型作业：具体做法是让学生给家长说解题思路。

分层型作业：对基础较差的学生只留教材中的基本题；对基础较好的学生、学有余力的学生增加一些难度较大的题，如教材中的星号题、思考题、一题多解等，开发智力，培养创新精神。

实践型作业：实践型作业打破传统的静态、单面模式，强调学生的尝试、亲历、实践。

探究性作业：强调学生在家里通过实验探究发现更深层次的知识。

预习新知作业：通过设计课堂前置性学习作业，引导学生按照前置性学习提纲进行预习。

**（二）积累了翔实的理论成果**

1. 形成了《教师论文集》《教学设计集》。随着课题研究的深入，我们全体课题组成员在实践中总结，在总结中提高业务素质和理论水平，写出了许多较高质量的理论文章，编成了一本《教师论文集》、一本《教学设计集》，为今后学校继续深化教学范式研究提供了理论依据和参考。

2. 在各级刊物发表或获省、市级奖的论文有 23 篇。

3. 形成了"小学生年龄特征教学范式实验研究"阶段性研究报告和终结性研究报告。报告翔实总结了课题实施的经验做法，对以后的教学范式研究具有一定的指导意义和借鉴价值。

4. 课件、视频、习题、文段等教学资源建设卓有成效。学校建立了资源库，学生可以根据自己的需要下载相关教学视频，进行自主学习；把视频教学作为课堂教学的补充和延伸，教师运用丰富的教学资源进行备课和学习。

5. 形成了一套优秀课例。对教师的公开课进行现场实录，真实地再现了各年龄阶段的教学范式，促进了新课程理念的本土化，填补了一些空白，为年轻教师更快、更好地掌握教学技能提供强有力的借鉴，也为课堂教学注入了活力。

## 八、应用成果的效果与反思

**（一）成果的效果**

1. 提高了教师的业务水平和综合素质。教师参加教师能力大赛有 5 人获省级奖。

2. 解决了学生厌学的问题，激发了学生的学习兴趣，培养了学生的能力，提高了教学质量。

**（二）成果的创新之处及应用价值**

1. 在原有的教学模式的基础上，根据新课程改革的要求，从学生的年龄特征出发，重新审视原有的教学理念、教学策略和教学行为，形成一套适合小学生年龄特征的教学理论，针对学生的具体情况、个性差异采取不同的教学方式，运用信息技术等多种教学手段优化整合课堂。

2. 基于以计算机为代表的多媒体设备及与其相关的现代教育技术，积极探索适合不同年龄阶段的学生的教学策略、学习方式及评价理论；借助信息技术，创设情境、游戏、微课等，实现课堂高效互动，实现从教到学、从课堂到课外的学习场景覆盖，真正做到因材施教。

3. 该项成果突破了过去一刀切的现状，根据学生的年龄特征以及学生的知识、智力水平和思维特点等对教学的基本模式进行应变与创新，从而构建适合学生年龄特征的教学范式，创设适合每个学生的教学范式。

4. 该项成果体现了在多维评价中反思，在探究过程中发现，在互动关系中学习，在实际生活中运用。

**（三）反思**

走教育科研之路任重道远，进行教学范式改革能有效地促进全面实施素质教育，我们在实验的过程中得到很多收获，也受到很多启迪，今后的实验应加强以下几方面工作：1. 学生在课后主动学习方面有待加强；2. 学生如何高效利用信息技术辅助学习，有待深入研究；3. 加强教师队伍培训，让教师能胜任现代教学的需要。

## 附教学案例

# "小数点搬家"教学实录与评析

执教教师：黄柳梅 梅州市梅江区客都小学

【教学内容】

北师大版小学数学四年级下册第43—45页。

【教学目标】

知识与技能：通过快餐价格的比较，观察各数之间的变化，引导学生发现小数点位置的移动引起小数大小的变化规律，并应用这一规律计算相关的乘、除法。

过程与方法：借助课件"小数点搬家"这一童话故事，经历小数点向左、右移动引起小数大小的变化过程，总结小数点向左、右移动引起小数大小的变化规律。

情感态度与价值观：激发学生学习数学的兴趣，激起学生对数学的好奇心和求知欲，体验学习求知的过程，培养合作意识和应用意识。

【教学重难点】

1. 理解并掌握小数点位置的移动引起小数大小的变化规律。

2. 灵活应用此规律计算相关问题。

【教具准备】

多媒体课件、数字卡。

【教学过程】

**一、情境引入，激发兴趣**

师：同学们，我们已经了解了一些有关小数的知识，小数中有一个最重要的符号是什么呢？（板书：小数点）小数点是个神奇的数学符号，它今天来到了我们的课堂中。你们想不想知道小数点的神奇之处呢？好，老师给大家讲一个"小数点搬家"的故事。（板书课题）在讲故事之前，老师这里有三个问题，我们先一起来看一看。（课件出示：1. 小数点为什么搬家？ 2. 向哪边搬家? 3.搬家的结果会怎样?)请同学们带着这些问题来听这个故事。

课件出示:小数点来到山羊快餐店,山羊正愁眉苦脸地坐着。快餐4.00元一份,店里一个客人也没有。小数点说:"为什么没有客人呢? 我得搬搬家。"小数点向左跳了一下,这时有一些小动物来快餐店了。小数点说:"看来搬家值得。那我再搬一次家吧!"不多久,山羊的快餐店生意好极了,小数点也开心极了。

**二、合作探究,发现规律**

师:故事听完了,你知道小数点搬了几次家?(两次)那么通过两次搬家,你能回答老师刚才提的三个问题吗?

学生汇报。

师:同学们听得真仔细,小数点通过向左边搬家,快餐的价格越来越便宜,这样卖的份数也多了。这是一种经营方式,在我们的日常生活中,经常看到这样的促销活动。

请同学们看大屏幕,在刚才的故事中,出现了哪几种价格?(4.00元 0.40元 0.04元)这些价格里面包含了很多数学知识,想知道吗? 老师昨天也布置了同学们进行预习,请大家拿出前置作业,先在小组内讨论你自学的内容。

小组交流。

师:哪一组的同学愿意先来说说呢?(各小组汇报)

师:看来同学们自学得不错,从刚才的汇报中,我们得出:

小数点向左移动一位,这个数就缩小到原来的 $\frac{1}{10}$;

小数点向左移动两位,这个数就缩小到原来的 $\frac{1}{100}$;

……

小数点向右移动一位,这个数就扩大原来的10倍;

小数点向右移动两位,这个数就扩大原来的100倍;

……

（教师板书规律）

**三、运用规律，解决问题**

1. 动手移一移

师：看来同学们的自学效果不错，刚才我们学习的内容是课本第43—44页的内容，看一看，还有什么不懂的吗？下面老师就来考考大家掌握的情况，有信心吗？

师：请同学们轻轻倒出信封里的数字卡片，同桌一起合作，我说你们摆，有了结果可以举手回答，回答对了可以为小组加分。好，现在请大家用最快的速度摆出618。

同桌从1、6、8、0、0、0的卡片中取出并摆好618。

师：（1）把618缩小到原来的 $\frac{1}{10}$，结果是多少？学生移动小数点得61.8。（强调整数的小数点在个位的右下角）

（2）再把61.8缩小到这个数的 $\frac{1}{100}$，结果是多少？学生移动小数点得0.618。（小数前面数位不够要补0）

（3）接着把0.618扩大到这个数的10倍，结果是多少？学生移动小数点得6.18。（小数点向右移，最前面多余的0要去掉）

（4）最后把6.18扩大到这个数的1000倍，结果是多少？学生移动小数点得6180。（小数点向右移，后面数位不够要补0）

师：看来难不倒大家，那我们就先摆到这儿，如果有兴趣，下课后可以继续，现在请把卡片装回信封，看谁最快坐好。

从上面的摆数中我们可以知道，小数点不管是向左移还是向右移，位数不够时都要用0补足。

2. 练一练

师：请看大屏幕。（用课件出示课本练一练的第1题）先同桌互相说一说，可以在纸上画一画，移一移。

下面的数与0.285比较，扩大到原来的几倍或缩小到原来的几分之一？

2.85　2850　28.5　0.0285　0.00285

3.算一算

师：看到同学们这么认真，小狗和小老鼠开着火车来到我们这里，看看你能解决它们的问题吗？（课件出示）请同学们自己先算一算，再与你的同桌交流你的算法。

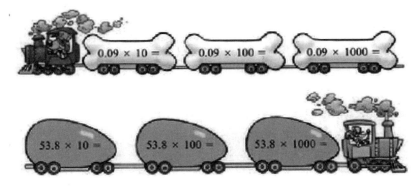

0.09 × 10 ＝　0.09 × 100 ＝　0.09 × 1000 ＝

53.8 × 10 ＝　53.8 × 100 ＝　53.8 × 1000 ＝

学生汇报。

师：当我们遇到乘10、100、1000这样的数时，可以运用今天学习的小数点移动的方法来计算。如果是除以10、100、1000呢？（学生答）同学们真聪明！

4.判一判

师：请看下一题判断题，请同学们先认真思考，再与同桌说一说，要说清楚理由。

（1）一个小数先扩大100倍再缩小100倍，小数的大小不变。（　　）

（2）一个小数的小数点向右移动三位，这个数就扩大到原数的100倍。（　　）

69

（3）把 1.54 先扩大 10 倍，再缩小到原数的 $\frac{1}{100}$ 倍是 1.054。（　　）

（4）把 0.06 的小数点去掉，这个数就扩大 100 倍。（　）

**四、拓展延伸**

师：一个小小的小数点就让我们研究了一节课，可见小数点的作用真大，有人就因为它而造成了悲剧。

（课件出示："联盟一号"的消失）有一著名宇航员独自驾驶"联盟一号"在太空中作业，当他圆满完成任务返航途中，突然飞船发生了不可解决的故障，原来是因为检查员的疏忽点错了重要数据的小数点。在人生最后两个小时里，这位勇敢的宇航员没有悲伤，而是坚持工作着。最后他在与女儿诀别时说："我要告诉你，我亲爱的女儿，我也要告诉全世界的小朋友，一定要认真对待学习中每一个数、每一个小数点，不要再让小数点的悲剧发生了！"

师："连萌一号"消失了，这场小数点的悲剧结束了，但是请同学们牢牢记住这位宇航员的话吧！

**五、总结收获**

通过这节课的学习，你有什么收获？

# 小数点搬家前置作业

**一、预习内容**

课本第 43—45 页。

**二、我会预习**

1. 自学课本第 43 页"山羊快餐"的主题图，从图中你知道小数点为什么搬家吗？往哪边搬家？搬家后结果怎样？

2. 从图中依次出现哪几种价格：（　　）元 =（　　）元

（　　）元 =（　　）角

（　　）元 =（　　）分

3. 把上面的这些价格从上往下观察。

4 角是 4 元的（　　），4.00 元到 0.40 元小数点向（　　）边移动（　　）

位，这个数就缩小到原来的（　　　）；4 分是 4 角的（　　　），0.40 元到 0.04 元小数点向（　　　）边移动（　　　）位，这个数就缩小到原来的（　　　）；4 分是 4 元的（　　　），4.00 元到 0.0 4 元小数点向（　　　）边移动（　　　）位，这个数就缩小到原来的（　　　）。

4. 你能根据上面的变化，得出小数点向左移动的变化规律吗？

5. 把上面的价格从下往上观察，快餐价格由 0.04 元变成 0.40 元，小数点向（　　　）边移动（　　　）位，价格扩大到原来的（　　　）倍；0.40 元到 4.00 元，小数点向（　　　）边移动（　　　）位，价格扩大到原来的（　　　）倍；0.04 元到 4.00 元，小数点向（　　　）边移动（　　　）位，价格扩大到原来的（　　　）倍。

6. 你能得出小数点向右移的变化规律吗？

### 三、我会解决

完成课本第 45 页"练一练"第 1 题。

下面的数与 0.285 比较，扩大到原来的几倍或缩小到原来的几分之一？

2.85 小数点向（　　　）边移动（　　　）位，扩大到原来的（　　　）倍；

2850 小数点向（　　　）边移动（　　　）位,（　　　）到原来的（　　　）倍；

28.5 小数点向（　　　）边移动（　　　）位,（　　　）到原来的（　　　）倍；

0.0285 小数点向（　　　）边移动（　　　）位，缩小到原来的（　　　）；

0.00285 小数点向（　　　）边移动（　　　）位,（　　　）到原来的（　　　）。

### 四、我会出题

**【评析】**

"小数点搬家"其实就是小数点位置移动引起小数大小的变化。在教学中，教者极大地调动了学生的积极性，在以下几个方面做到较好。

**一、创设学生喜爱的情境，激活了学生的内在需求**

教者创设了"山羊快餐"这一生动有趣的教学情境，将多媒体引入课堂，用学生喜欢的动画形象、电脑游戏来组织学习，在观察与探索过程中，使学生轻松地掌握所学知识。将学生熟悉的情境与数学学习巧妙结合起来，引领学生进入数学的园地，是件十分有趣的事。这样，学生爱学、乐学，把学生的内在需求激活了。整节课从小数点右移到左移，再到练习，每个环节都与山羊快餐店发生关系，它像一条无形的线贯穿课的始终。

**二、教学难点让学生在动脑动手中一点一点解决**

为了使学生的讨论有针对性，教师先让学生找出 4 元、0.4 元、0.04 元之间的倍数关系（为了降低难度，都把单位化成分，这样便于比较），再让学生带着两个问题"小数点怎样移动？移动后原数发生了什么变化？"去思考讨论。因为在课前设置了前置作业，学生通过自己去预习，自己去查找相关资料，能发现小数点移动的变化规律。

**三、在重点处生发开来，举一反三**

在学生归纳出"小数点向左移动一位，就缩小到原来的十分之一；小数点向左移动两位，就缩小到原来的百分之一……"时，教师趁热打铁地问："要把一个数缩小到原来的十分之一该怎么办呢？"学生经过思考马上就答出："只需把小数点向左移动一位即可。"此种方法，既可以使学生学得灵活，又加深了对知识点的理解。

**四、很好地为学生创设了思考的空间和时间**

好的数学课堂教学应当是富于思考的，学生有动有静的，因为表面上热闹的课堂不一定有好的教学效果，学习的效果最终取决于学生是否真正参与到学习活动中，是否积极主动地思考。而教师的责任更多的是为学生提供思考的机会，为学生留有思考的时间与空间，着眼于学生数学能力和思维能力的长远发展。在合作与探究学习中，学生发现并掌握了小数点移动引起小数大小变化的规律。在设计练习时，教师注意知识的梯度，循序渐进，这样学生解决就容易了许多。

# 百分数的应用（一）

## ——"求一个数比另一个数多（少）百分之几"教学设计及评析

执教教师：廖碧娥　深圳市坪山区同心外国语学校

**【教学内容】**

北师大版小学数学六年级上册第87—88页。

**【教学目标】**

知识与能力：加深理解百分数的意义，理解"增加百分之几"和"减少百分之几"的意义；进一步拓宽"比较"的内涵，提高学生能够运用百分数的数学知识解决实际问题的能力，同时培养学生大胆质疑、善于分析、综合概括的能力。

过程与方法：深入理解"比较"的内涵，通过计算增加百分之几和减少百分之几，理解"增加百分之几"和"减少百分之几"的意义，培养学生运用数学知识解决实际问题的能力。

情感态度与价值观：在具体情境中，紧密联系生活实际，使学生感受数学与生活实际的联系，让学生体会到生活中有数学，数学中有生活。

**【学前准备】**

1. 让学生结合生活中的例子复习回顾百分数的意义。

2. 知道求百分率用除法，百分率是一个比值。

3. 预习课本87—88页的内容，不会的看微课视频。

**【教学重难点】**

掌握"求一个数比另一个数多（或少）百分之几"的应用题的分析方法，

并能够正确列式解答。

【教学过程】

**一、旧知铺垫，导入新课**

师：同学们，前段时间我们学习了百分数，谁能告诉大家什么是百分数？

生：表示一个数是另一个数的百分之几的数，叫作百分数。百分数也叫作百分率或百分比。

师：看来同学们对百分数的意义已有所了解，下面这道题，请你根据题意列出算式。只列式，不计算。（出示）

果园有苹果树 56 棵，桃树 42 棵，桃树是苹果树的百分之几？

学生：$42 \div 56$。

师：你们赞同吗？（赞同）这个"求一个数是另一个数的百分之几"的问题是我们上节课所学习的，看来同学们都掌握得很好。看着这道题，你还想向大家提出什么问题？

生 1：苹果树比桃树多百分之几？

生 2：桃树比苹果树少百分之几？

师：这些问题问得很好，这些问题该怎样解决呢？这一节课，我们一起探究怎样解决"求一个数比另一个数多（少）百分之几"。

师："求一个数比另一个数多（少）百分之几"是比较难的，同学们在昨天预习的过程中肯定有不少疑问，下面请大家分组讨论，不会的认真看微课，然后再讨论怎样解决"求一个数比另一个数多（少）百分之几"的问题。

**二、探究"求一个数比另一个数多百分之几"**

（一）观看视频，讨论发现

1.学生带着问题看视频

微课视频：以"有 $45 cm^3$ 的水，结成冰以后体积约为 $50 cm^3$，冰的体积比原来水的体积约增加百分之几？"这道题为例讲述"求一个数比另一个数多百分之几"的分析方法和解题方法。

2.学生在小组内交流

3.学生汇报

学生 1：求甲是乙的百分之几，用"甲÷乙"，"乙"是标准量（"1"）。

学生 2 抛出问题：如何解答"求一个数比另一个数多百分之几"的应用题？ 这个问题能否转化成"求一个数是另一个数的百分之几"的应用题？（可以转化成求"两个数的差是另一个数的百分之几"。）

学生 3 讲述"盒子里有 45cm³ 的水结成冰后，冰的体积约为 50cm³。冰的体积比原来水的体积约增加百分之几？"的分析方法和解题方法。

（1）"冰的体积比原来水的体积约增加百分之几？"可以转化成"冰的体积比原来水的体积增加的部分是原来水的体积的百分之几？"，然后找出标准量（单位"1"）是"原来水的体积"。根据学过的知识，借助线段图发现第一种解法：先求冰比水增加了多少 cm³，即求差，再求增加的部分是水的体积的百分之几。

学生 4 借助线段图分析，发现第二种解法：先求冰的体积是水的体积的百分之几。再把水的体积看作 100%，用减法求出增加百分之几。

学生 5 总结出"求一个数比另一个数多百分之几"的两种解题方法：

第一种方法是两种量的差÷标准量（"1"），如果差不知道，先求差；如果"1"不知道，先求"1"。

第二种方法是先求出比较量是标准量（"1"）的百分之几，再把所求得的百分率减去 100%。

（二）构建新知，解决问题

师：现在请同学们说说下面的问题该怎样解决？（出示）

1.怎样解决"求一个数比另一个数多百分之几"的问题？ 有几种解法？

2.果园有苹果树 56 棵，桃树 42 棵。苹果树比桃树多百分之几？

（三）学生汇报，明晰解题思路

生："求一个数比另一个数多百分之几"，有两种解法：

解法 1：两种量的差÷标准量（"1"）。

解法 2：先求出另一种量是标准量的百分之几，再用所求得的百分率减去 100%。

师：同学们发现了解决"求一个数比另一个数多百分之几"的方法。你会解决刚才的问题吗？（出示）"果园有苹果树 56 棵，桃树 42 棵。苹果树比桃树多百分之几？"

学生 1：桃树是单位"1"，我们用苹果树与桃树的差除以单位"1"。

（56–42）÷42 ≈ 33.3%，苹果树比桃树多 33.3%。

学生 2：桃树是单位"1"，我们先求出苹果树是桃树的百分之几，然后再减 100%。56÷42 ≈ 133.3%，133.3%–100%=33.3%。

### 三、探究"求一个数比另一个数少百分之几"

师：同学们马上会用所学知识灵活地解决身边的问题，为你们点赞。如果要求"桃树比苹果树少百分之几？"又该怎么解答呢？下面请同学们试做，不会的请看微课视频。

（微课视频：以"有 45cm³ 的水，结成冰以后体积约为 50cm³，原来水的体积比冰的体积少百分之几？"这道题为例，讲解"求一个数比另一个数少百分之几"的两种解题方法。）

师：下面谁来说说"桃树比苹果树少百分之几？"

生 1：在这里苹果树是单位"1"，我们用苹果树与桃树的差除以单位"1"即苹果树的棵数。（56–42）÷56=25%，桃树比苹果树少 25%。

生 2：苹果树是单位"1"，我们先求出桃树是苹果树的百分之几，42÷56=75%，然后 100%–75%=25%，桃树比苹果树少 25%。

师：你们真聪明，马上就能用所学的知识解决我们身边的数学问题。

### 四、分析比较，归纳方法

师：下面请同学们仔细看你们刚才发现的解法，总结出"求一个数比另一个数多（少）百分之几"的通用解法。

（一）展示一

45cm³ 的水结成冰后，体积变成 50cm³。

（1）冰的体积比原来水的体积约增加百分之几？

（50–45）÷45

=5÷45

≈ 11%

（2）原来水的体积比冰的体积少百分之几？

（50–45）÷50

=5÷50

=10%

师：谁来说说你们的发现。

生：我们发现"求一个数比另一个数多（少）百分之几"的通用解题方法：两种量的差 ÷ 单位"1"。（如果差不知道，先求差；如果单位"1"不知道，先求单位"1"）

（二）展示二

45cm³ 的水结成冰后，体积变成 50cm³。

（1）冰的体积比原来水的体积约增加百分之几？

50÷45 ≈ 111%　　111%–100%=11%

（2）原来水的体积比冰的体积少百分之几？

45÷50=90%　　　　100%–90% = 10%

师：你们又有什么新发现？

生 1：我们发现求"一个数比另一个数多（少）百分之几"的第二种方法是先求一个数是另一个数的百分之几，再算出所求到的百分率与单位"1"（即 100%）的差。

生 2：第一步是先求出比较量是标准量（"1"）的百分之几。第二步是如果求"多百分之几"，用求到的百分率减去 100%；如果"求少百分之几"，用单位"1"减去已求到的百分率。

师：同学们不仅会用，还会总结归纳。下面看谁能用自己发现的方法解决我们生活中有关百分数的问题。

**四、学以致用，深化认知**

（一）说一说：谁是谁的百分之几？谁是单位"1"？

1. 实际造林比原计划多百分之几？

2. 电水壶的价格降低了百分之几？

3. 2010 年的进口额比前一年增加百分之几？

做一做:

1. 一个乡去年原计划造林 12 公顷,实际造林 14 公顷。实际造林比原计划多百分之几?

2. 光明村今年每百户拥有电脑 121 台,比去年增加 66 台,今年每百户拥有的电脑数量比去年增长了百分之几?

**五、总结评价,质疑反思**

通过这一节课的学习,你有哪些收获和感受?你还有什么问题?

**六、课后拓展,梯级练习**

【教学评析】

《义务教育数学课程标准》指出,教学活动应面向全体学生,让每位学生都有不同的发展,人人学有价值的数学,人人都能获得必需的数学。因此,适合自己学生的教学是最好的教学,教师在教学中要"以学定教"。

本节课把微课引进教学,针对某一重点、难点,制作微课视频。学生可以根据自己对重要知识点的掌握情况,有选择地观看微课视频,进行"翻转课堂"。那些对知识点"吃不消"的学生,可以借助微课,在家重温知识点;而"吃不饱"的学生则可以借助微课提前学习。教学的前置和后延,实现了学生个性学习,调动了学生的学习兴趣,让学生由被动的接受者变为主动的学习者,从而真正实现个性化的教学。教师在这一节课针对"求一个数比另一个数多(少)百分之几"的重点、难点,制作微课,在教学过程中穿插,并延伸到课后,真正做到了因材施教。

基于百分数应用题的教学是个难点,学生不容易突破;而对于重点问题"求一个数比另一个数多百分之几",学生不容易理解。教师从现实生活中引出问题,提出"苹果树比桃树多百分之几?桃树比苹果树少百分之几?"2 个问题,然后让学生带着问题观看微课:冰的体积比水的体积增加百分之几?水的体积比冰的体积少百分之几?让学生在具体的情境中理解"增加百分之几"或"减少百分之几"的意义,体会百分数与实际生活的紧密联系,可以激发学生的学习兴趣。教师让学生带着问题观看微课视频,看完视频充分地展开讨论。学生在讨论探究、交流汇报的过程中，使眼、耳、手、脑协调合作，积极思辨，同时把前面学过的知识"求一个数是另一个数的百分之几"，迁移到"求一个数比另一个数多百分之几（少百分之几）"，并通过画线段图，在充分理解的基础上学会解决问题的方法。这样学生能积极参与、主动探索，教学效率高。

**一、课前预习生疑，复习铺垫激趣，微课视频解惑，交流讨论明晰**

解决"求一个数比另一个数多（少）百分之几"的问题是六年级学习的难点，为了让学生更好地理解这一知识点，教师把以前学习的百分数加以应用。上课伊始，教师引导学生复习"有关百分数的概念"和"求一个数是另一个数的百分之几"的解题方法，通过整合复习，为学习新知做好铺垫。

在教学前，让学生在前一天晚上进行预习，第二天带着问题观看微课视频，进一步理解"求一个数比另一个数多百分之几"的难点。优秀生通过观看视频，理解了解题的方法，但对于如何总结还是有一定难度；而中下层生对于"为什么要这样做"和"视频里面重点解决的是什么"不是很理解，这时，便让学生带着问题开展小组讨论，教师加入学生中，引导学生开展有效讨论。通过小组讨论，一方面，让优秀生把自己理解到的讲给同组同学听，既帮助了后进学生对新知的理解，又提高了优秀生的分析思考和口头表达能力；另一方面，后进生在讨论过程中既可以提出自己的想法，又可以从同伴的讲解中学会新知，让不同的学生得到发展。教师把课堂的大舞台交给了学生，让每个学生都有说的机会，让每个学生都在议的过程中不断明晰"求一个数比另一个数多百分之几"的解题关键和解题方法。接下来学生汇报展示，既让学生得到"说数学"能力的培养，又让学困生在听的过程中再一次深化新知。

由于学生发展具有不平衡性，后进学生需要连续多遍的讲解才能明白，如果教师讲解多遍，优秀学生就会感到无聊，势必影响他们的学习积极性；如果只是一遍带过，中下层的学生势必没有掌握，不懂的知识越积越多，对数学就会越来越没有兴趣。这一环节的设计，让学生在自学中生疑，在看视频中解惑，在交流中明晰，在展示中加深，学习形式多样，每个学生都有不同的成就感，每个学生的积极性都得到极大的激发。

**二、课中探究生疑，观看视频释疑，对比分析总结，培养能力拓展**

在教学"求一个数比另一个数少百分之几"这一知识点时，是在学生已掌握前面的"求一个数比另一个数多百分之几"的解题方法的基础上，让学生开展尝试练习，并让学生在解题过程中发现存在的问题，再带着问题观看微课视频，达到释疑解惑。接着引导学生对比"求冰的体积比原来水的体积多百分之几"和"求原来水的体积比冰的体积少百分之几"的解法，发现解决"求一个数比另一个数多（少）百分之几"的解题关键是找准标准量，把问题转化成"求一个数是另一个数的百分之几"进行解答，归纳出两种解题的方法。这样，培养了学生的分析概括能力。

学以致用，让学生通过转化生活中出现的"求一个数比另一个数多（少）的问题，并找准这些问题中的"1"，让学生感受到数学来源于生活，并应用于解决生活中的问题，使学生对数学产生亲切感；同时学会分析这些问题，又将有助于解决课后的练习作业。课后的微课练习，形式多样，具有层次性，学生在解答过程中遇到困难，可以继续观看课中的微课，直至掌握，拓展题为优秀学生提供了挑战的可能。这样，培养了学生的数学思维能力和拓展创新能力。

## "圆的周长"教学实录与评析

执教教师：廖碧娥　深圳市坪山区同心外国语学校

【教学内容】

北师大版小学数学六年级上册第 9—11 页。

【教学目标】

1. 理解圆周率的意义，推导出圆的周长的计算公式，并能正确地进行简单的计算。

2. 培养学生的观察、比较、分析、综合及动手操作能力。

3. 领会事物之间是联系和发展的辩证唯物主义观念以及透过现象看本质

的辩证思维方法。

4. 结合圆周率的学习，对学生进行爱国主义教育。

【教学重点与难点】

重点：圆的周长计算公式的推导，能利用公式正确计算圆的周长。

难点：深入理解圆周率的意义。

【教材分析】

"圆的周长"概念的教学，是以长方形、正方形周长知识为认知基础的，是前面学习"圆的认识"的深化。"圆的周长"计算方法的教学，是学生初步研究曲线图形的基本方法的开始，又是后面学习"圆的面积"以及今后学习圆柱、圆锥等知识的基础。因此它起着承前启后的作用，是小学几何初步知识教学中的一项重要内容。

【学情分析】

学生在学习圆的周长前已经理解了周长的意义，掌握了关于长方形、正方形周长的计算方法，也认识了圆的各部分名称，知道半径、直径的关系并且会画圆，能测量出圆的直径。这节课是在这样的基础上进行教学的，前面的知识为这节课的学习活动做好了铺垫。同时，学生对各项动手操作的实践活动非常感兴趣，并且本班大部分学生思维活跃，善于动脑思考，有一定的自主学习能力，相互探讨学习的风气较浓，对新事物比较感兴趣，平时教学中，经常开展小组合作式的探究学习活动，有较强的合作意识。教师只要充分发挥、调动他们的积极性，他们是乐意做课堂的主人的。

【教学用具准备】

教师准备：PPT课件。

学生准备：圆形物品，圆形橡筋，半径为2、3、5厘米的圆形纸片，细绳，直尺，三角板，棉线，软皮尺，剪刀，实验报告单。

【教学过程】

**一、创设情景，引起猜想**

（一）激发兴趣

师：昨天，咱们已经学习了有关圆的知识了，今天老师给大家带来了两个好朋友：小红和她的爸爸（出示骑自行车的小红和她的爸爸）。请你们用数学的眼光仔细观察，你能发现哪些有关圆的知识?

生1：爸爸骑的车比较大，小红骑的车比较小。

生2：我发现了车轮是圆的。爸爸的和小红的比，小红爸爸的车轮比较大，爸爸的车走得比较快。车轮越大，同样转动一周就会走得越远。

师：同学们都是生活中的有心人，发现了爸爸的车轮转动一周走的距离比小红的车轮转动一周走的距离要远，还发现了车轮行进的快慢跟车轮的大小有关。车轮转动一周所走的路程与什么有关?

生：车轮转动一周所走的路程与车轮的大小有关。

师：车轮转动一周所走的路程就是车轮的周长。车轮是圆的，也就是车轮这个圆的周长。

（二）认识圆的周长

师：什么是圆的周长?请同学们拿起桌面上的圆形纸片，同桌互相指一指、说一说圆的周长。

学生同桌互说"圆的周长"。

师：好，谁来告诉大家什么是圆的周长?

生1：这个圆一周的长度就是这个圆的周长。

生1：围成圆的曲线的长，叫作圆的周长。

师：总结得真好，围成圆的曲线的长叫作圆的周长。（出示课题：圆的周长）

师：圆的周长拉直后是一条线段。圆越大，圆的周长就越长。你猜猜圆的周长跟什么有关呢?

**二、动手操作，探究新知**

（一）合作探究，发现规律

生1：我猜圆的周长跟直径有关。

生2：那圆的周长与直径到底有怎样的关系呢?

师：对呀，圆的周长与直径到底有怎样的关系?下面我们通过实践探究来解决这些问题。

师：为了便于大家研究，老师给同学们准备了三张大小不同的圆形纸片。

下面请各学习小组利用手中的测量工具，互相合作，用自己喜欢的方法量出每个圆的周长和直径，把测量出的结果写在表格上，再算出周长除以直径的商，得数保留两位小数，填好报告单。算完后，同组同学交流一下，在交流的过程中发现规律。

1.学生合作探究。

**《圆的周长》实验报告单**

| 测量的物品 | 周长（C）厘米 | 直径（d）厘米 | 周长除以直径的商（C/d） |
|---|---|---|---|
| 圆形纸片 1 | | | |
| 圆形纸片 2 | | | |
| 圆形纸片 3 | | | |

2.学生小组交流，发现规律。

（二）学生汇报，总结规律

学生汇报，教师把学生的表格依次放在展台上。

师：我们测量到的圆的直径和周长都不一样，但是请同学们仔细观察这些周长除以直径的商，你有什么发现？

生：圆的周长总是直径的 3 倍多一些。

**三、认识圆周率、介绍祖冲之**

1.认识圆周率

师：同学们观察得很细心，发现圆的周长都是直径的 3 倍多一些，圆的周长比直径的 3 倍多多少呢？对于这个问题，古今中外有许多数学家都研究过，他们经过大量的实验，已经证明了圆的周长除以直径的商是一个固定的无限不循环小数，它是 3.1415926……，我们把它叫作圆周率。用一个希腊字母 π 来表示。在计算时，如果用这个无限小数参加计算是不方便的，故通常将 π 取两位小数 3.14。

2.介绍祖冲之对圆周率的贡献

南北朝时期，我国伟大的数学家和天文学家祖冲之就已精密地计算出圆周率的值在 3.1415926 和 3.1415927 之间。他是世界上第一个把圆周率的值精确到 7 位小数的人，比欧洲数学家要早 1000 年左右。圆周率是一个无限不循环小数。

3. 谈感想

教育学生养成良好的学习习惯，适时渗透价值观教育。

**四、归纳总结，演绎推理**

（一）发现求圆的周长的字母公式

师：刚才我们通过实验知道，圆的周长除以直径 = π，圆的周长是直径的 π 倍，π 是一个固定的数，约等于 3.14。

师：我们可以应用圆周率解决我们身边的很多有关圆的问题。这是北京天安门的天坛，如何求出这个天坛底面圆周的长？

生：只要知道天坛底面圆的直径，就可以求出底面圆的周长。圆的周长 = 直径 × 圆周率。

师：对了，同学们善于活学活用。我们用字母 C 代表圆的周长，d 表示圆的直径，那圆的周长公式用字母怎样表示？

生：$C = \pi d$。

师：直径等于半径的 2 倍，那圆的周长等于半径的几倍？（2π 倍）

如果知道圆的半径 r，圆的周长还可以怎样求？

生：$C = 2\pi r$。

（二）认识圆的周长是直径的几倍，是半径的几倍

师：要求圆的周长，只要知道圆的什么就可以？

生：直径或半径，然后用公式 $C = \pi d$ 或者 $C = 2\pi r$ 求出就可以。

师：根据这两个公式，你能推导出新的数学公式吗？假如知道圆的周长，你能求出圆的直径吗？假如知道圆的周长，你能求出圆的半径吗？

生 1：根据 $C = \pi d$，我可以推导出求直径的公式 $d = C \div \pi$。

生 2：根据 $C = 2\pi r$，我可以推导出求半径的公式 $r = C \div \pi \div 2$。

**五、学以致用，解决问题**

师：说得真好。同学们，你们知道吗，在我们的身边处处都有圆，我们经常会遇到有关圆的周长的问题，老师带你们到智慧城堡逛一逛，看你们能否灵活运用今天所学的知识去帮智慧城堡的人们解决他们身边的数学问题。

（一）求圆的周长

师：刚走进城堡，跑来了两个淘气的圆球弟弟。他们谁滚得比较远呢？你们能不能很快帮他们解决这个问题？（圆球哥哥的半径为2厘米，圆球弟弟的直径为2厘米）

师：要比较他们谁滚得比较远，就是要求这两个圆的什么？要用哪个公式？

生：求两个圆的周长。

$$C = \pi d \qquad\qquad C = 2\pi r$$

$$=3.14 \times 2 \qquad\quad =2 \times 3.14 \times 2$$

$$=6.28（厘米） \qquad =12.56（厘米）$$

生：半径为2厘米的圆球滚得比较远。

师：同学们真棒，很快就帮圆球兄弟解决了问题。这时米老鼠骑着自行车来了，他的问题又是什么呢？

出示：自行车的车轮是70 cm，滚一圈有多远？

（二）数学小医生

1. $\pi$ =3.14。　　　　　　　　　　　　　　　　　　（　　）

2. 圆的周长是它的半径的 $\pi$ 倍。　　　　　　　　　（　　）

3. 圆的直径越大，它的圆周率就越大。　　　　　　　（　　）

4. 只要知道圆的半径或直径，就可以求圆的周长。　　（　　）

5. 经过圆心的线段是圆的直径。　　　　　　　　　　（　　）

（三）做一做

1. 妙想要为半径为3 cm的圆形小镜子围一圈丝带，她现在有18 cm长的丝带，请你们帮她估一估，够吗？

生：根据计算，围一圈需要18.84厘米，不够。妙想姑娘要重新买一条19厘米的丝带。

师：你们想得真周到，还给她提了个好建议呢。

师：刚才的问题对于聪明的你们来说，可算是小儿科了，瞧，下面更难的问题来了。

2. 笑笑绕着花坛边缘走了一周，走了 62.8 米，这个圆形花坛的直径是多少米？

师：绕着花坛边缘走了一周，走了 62.8 米，62.8 米是圆的什么？知道周长求直径，该用哪个公式呢？

生：$d = C \div \pi$。

师：下面请同学们拿起笔帮笑笑解决这个问题。

生：直径是 20 米。

3. 汽车轮胎的半径是 0.3 米，滚动 1 圈前进多少米？滚动 1000 圈前进多少米？

师：这里有两个问题呢，看谁最快帮小汽车解决这些问题。

师：首先，我们来看一下，车轮滚动一圈前进多少米？求的是什么？（周长）

（四）求图形的周长

师：你们真是一群乐于助人又聪明的孩子。我们已经走进城堡的中心，越接近中心城区，问题就越难，同学们还有信心走下去吗？

生：有。

师：很好，看，上空飞来了一个奇怪的图形。求出这个图形的周长。

师：这个图形的周长由哪两部分组成？

生：半径为 3 厘米的大圆周长的一半加上直径为 3 厘米的小圆周长。

1. 求半径为 3 厘米的大圆周长的一半

　　$C = 2\pi r$

　　　$= 2 \times 3.14 \times 3$

　　　$= 18.84$（cm）

　　$18.84 \div 2 = 9.42$（cm）

2. 求直径为 3 厘米的小圆周长

　　C = πd

　　　 = 3.14 × 3

　　　 = 9.42（cm）

3. 9.42+9.42=18.84（cm）

### 六、全课总结，拓展延伸

师：今天你有什么收获？

生 1：我学会了求圆的周长。

生 2：我了解了圆周率。

生 3：我学会了推导圆周长的计算公式。

师：同学们真棒。下面有一道题请同学们课后尝试解答。

拓展延伸：跑道分两条，一条绕着小圈跑 8 字，另一条绕着外面的大圈跑，聪明的同学们，你们能猜到比赛结果吗？你们说两条道跑的路程一样吗？为什么？

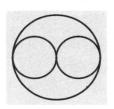

**板书设计**

圆的周长

围成圆的曲线的长就是圆的周长

圆的周长总是它的直径的 3 倍多一些

圆周率是一个固定的值，字母 π 表示，π ≈ 3.14

圆周率 = 圆的周长 ÷ 直径

圆的周长 = 直径 × 圆周率

字母表示：C=πd 或 C=2πr

### 【教学评析】

本课力求为学生创设"质疑—探究—发现—应用"的空间，让学生在操作中感悟，在探究中发现，在交流中升华，从而掌握圆的周长的推导公式，并借助信息技术激发学生的学习兴趣。

1. 借助现代信息技术，激发学生的学习兴趣

本节课在激趣引入、演示操作、指导探究、练习的出示等环节充分应用现代信息技术将文字、图形、动画、声音等组合在一起，使学生在学习的过程中，充分调动他们的感官，激发他们的学习兴趣，调动他们学习的积极性。

2. 在操作中感悟

这节课，让学生在实践操作中探究新知，发现规律。学生从各自不同的操作实践中感悟"化曲为直"的数学思考方法，感悟"圆的周长与它的直径的关系"。

3. 在探究中发现与拓展

儿童有一种与生俱来的以自我为中心的探索性学习方式。本节课从学生的实际出发，通过测量圆的周长、探讨圆的周长与直径的关系、推导圆的周长计算公式等活动，让学生在亲身经历数学知识的探究过程中发现知识、理解知识、应用知识。这样，学生获取的并非纯粹的知识本身，更主要的是态度、思想、方法，是一种探究的品质。

4. 体现生活中的数学

从发现圆的周长公式，到运用圆的周长公式帮智慧城堡的人们解决他们身边的数学问题，充分体现了"数学来源于生活，并用所学的数学知识解决身边的数学问题"这一教学理念。

# 扬起谐趣的风帆

## 小学数学谐趣教学实践研究

### 一、研究的背景

数学是一门比较抽象的学科，要让学生爱上数学、喜欢数学，就要让学生觉得数学课堂是有趣的。不同年龄段学生的生理、心理特点是不一样的，学习的基础、习惯、能力、意志也是不同的，同年龄段学生的家庭环境、性格特征、个性特长、学习能力也各不相同，只有适合学生年龄特征和个性特点的谐趣教学，学生才会喜欢。所以我们要根据课的不同类型、学生的不同需求采用不同的教学策略，并把这些教学策略进行组合，实现谐趣教学。为此，我们提出小学数学谐趣教学实践研究，通过创设情境，融合信息技术，激发学生学习兴趣，构建谐趣教学模式，从而使数学课堂有趣，让学生乐学、爱学，使学生的思维得到激活。

### 二、研究的现状

1. 国外研究现状

（1）国外借助微课实施个性化教学的研究。2004 年 7 月，英国启动教师电视频道，每个节目视频时长 15 分钟，频道开播后得到教师的普遍认可。2008 年秋，美国的"一分钟教授"戴维·彭罗斯因首创了影响广泛的"一分钟的微视频"的"微课程"而声名远播。2007 年，美国的可汗成立了非营利性的"可汗学院"网站，用视频讲解不同科目的内容，并解答网友提出的问题。赫尔巴特认为，兴趣是一种将思维的对象保留在意识中的内心力量，是一种智力活动的特性，并具有道德的力量。

（2）国外一些教育家，如苏格拉底、卢梭、杜威、苏霍姆林斯基等都曾提倡和实践过情境教学，在他们的教育论著和教学实践中留下对情境教学的思考与经验。美国教育家杜威十分重视情境教学，他主张必须有一个实际的经验情境，作为思维的开始阶段。苏联教育家苏霍姆林斯基在教学改革中，经常把学生带到大自然中，让他们观察体验大自然的美，并在大自然多彩的情境中，培养观察力和创造力。保加利亚的心理学家洛扎诺夫，进行了长达9年的"暗示教学法"的尝试，取得了惊人的教学成果。我国越来越多的学者、专家和教师正在对情境教学进行理论探索和实践教学，并取得了显著的成果。

2. 国内的研究现状

个性化教学的思想可以追溯到我国伟大教育家孔子，孔子在教育实践中提出因材施教，这是我国对个性化教学最早的尝试。在信息技术条件下，国内对个性化教学也有了新的研究。微课作为一种翻转课堂的教学手段，已在国内悄悄兴起。在这一领域的研究和实践最为系统的是广东省佛山市教育局教育信息网络中心的胡铁生老师。网上学校、在线辅导也如雨后春笋，不断成为课内教学的补充。

我国越来越多的学者、专家和教师都意识到要让数学教学变得有趣，并借助情境激发学生的兴趣。他们对情境教学进行理论探索和实践教学，并取得了显著的成果。儿童教育家、全国著名特级教师李吉林自1978年开始对情境教学进行实践探索与研究，创立了"情境教学""情境教育"和"情境课程"，构筑了情境教学模式。自2001年1月以来，我国大部分地区开展了"数学情境"和"问题探究"的教学实验，强调创设数学情境，把从情境中探索和提出数学问题作为教学的出发点；同时在解决数学问题和数学知识应用的过程中引发出新的情境，从而又产生出深层次的数学问题，形成"情境—问题"学习链，激发学生的探究热情。

## 三、核心概念的界定

### （一）教学

教学是教师的教和学生的学所组成的一种人类特有的人才培养活动。通过这种活动，教师有目的、有计划、有组织地引导学生积极自觉地学习，掌握文化科学基础知识和基本技能，促进学生全面发展，使他们成为社会所需要的人。

### （二）个性化教学

个性化教学就是要求教师在教学中、在课堂上、在一切教育的时空中，尊重每个学生的个人价值。教学活动以促进学习者个性发展为终极目的。

### （三）教学模式

教学模式指在一定的教育思想、教学理论和学习理论指导下建立起来的，教学活动各要素之间的稳定关系和活动进程的结构形式。其构成要素有理论基础、教学目标、教学评价等。

### （四）谐趣教学

谐趣教学是指教师根据学生的年龄特征和个性特点，深度融合现代信息技术，创设情境，选取最适合学生的教学策略，灵活机动地进行整合，激发学生学习兴趣，让学生在正确的价值观指引下开展个性化学习，进而促进学生人格健康和谐发展的教学活动。

## 四、课题研究的理论依据

弄清以上核心概念，有助于把握课题研究的实质，也有利于理解以下理论依据。

### （一）教育学依据

早在古代，我国教育家孔子就提出"有教无类"和"因材施教"的个性化教学思想。现代教育学更是确立了"因材施教"的教学原则，要求教师从学生的实际情况、个别差异出发，有的放矢地进行有差别的教学，使每个学生都能扬长避短，获得最佳的发展。特别是20世纪80年代以来，新教育技术的运用为主体性教育观念的确立提供了物质基础，学校教育的目标从传统的培养"工具人"转变为培养"主体人"。

### （二）心理学依据

心理学研究结果表明，作为个体的人，都有好奇心，都有希望被别人尊重、得到认可的心理需求。自主、合作、探究学习正好满足人的这种需求。它通过互学互助、互促互进的学习方式，使每个参与学习的学生，既发挥自己的自主性，又受到集体的尊重、推动和认可，从而发挥个体自身的潜能。

### （三）现代教育技术理论依据

现代教育技术是运用现代教育理论和现代教育方法，通过对教与学的过程及教与学资源的设计、开发、利用、管理和评价，实现教学优化的理论与实践。这一新的理念促使教育工作者从教学观点向学习观点转变。从教育技术的观点看，教学是对信息和环境的安排和协调，其目的是达到对学习的促进；学习包括学习者通过与信息和环境的互相作用而得到知识、技能和态度的长进。

### （四）此课题研究符合人在发展过程中客观存在的个别差异

学生的成长环境、遗传因素、家庭教育、生活习惯、性格能力、年龄特征各方面的不同，势必导致学生具有个别差异性，借助信息技术开展本课题研究，让学生的个性化学习成为可能。

## 五、研究的原则

### （一）科学性原则

本次实验应遵守科学理论和客观事实，课题方案应在对"个性化教学"有一定掌握的基础上制订出来；应遵照和使用科学的研究方法手段，实事求是地规定研究的目标、范围。

### （二）自主性原则

本实验注重学生的差异性、自主性，引导学生从自己的实际出发，探寻适合自己发展的学习方法，从而积极、主动地参与实践研究，发现问题，获得成功。

### （三）创新性原则

创新性原则主要体现在教学模式和学习方法上。改变传统的教学模式，构建适合学生的个性化教学模式。学生主要以合作研究和独立探索相结合的形式进行学习，并学会运用信息技术工具来获取加工、整理信息的方法和技巧。

### （四）实效性原则

本实验力求扎实、高效，根据自身实际，从实践中发现问题，总结经验，再付诸实践，取得效果。方法易于操作，效果易于显现。

**（五）活动性原则**

教师在课堂教学实验中，引导学生大胆实践，在活动中掌握知识、培养能力、激发创新思维。

## 六、研究目的

1. 通过信息技术分析学生学习现状，了解学生学习掌握情况，比较科学地引导学生进行个性化学习。

2. 建构一种新的教学模式，使其具有实践操作性、指导性，能够激发学生学习兴趣，使学生能积极主动地学习数学。

3. 借助信息技术，创设各种情境，让学生在生动的情境中进行有趣的学习，掌握基本知识与技能，感知情感与价值观，并通过分析和反思进行综合与抽象概括，自觉或不自觉地获得数学核心素养的发展。

4. 创立谐趣教育。通过研磨课，对教与学进行实施、分析、反思、提炼、优化，形成融合多策略的谐趣教学范式，创立谐趣教育。

## 七、研究内容

1. 通过问卷调查等方式，了解学生个性心理特点、学习数学的兴趣等情况，探讨学生喜欢的数学教学活动的理论基础。

2. 深入研究信息化背景下教学模式的创新与变革，进行分层教学、分类检测、多元评价、课后辅导的研究。

3. 探讨"数学魔术""数学游戏""数学情境"等激发学生学习兴趣的几种有效形式，构建学生喜欢的谐趣教学范式。

4. 探讨借助信息技术，优化教学手段，实施谐趣教学，培养学生自主学习能力的有效策略。

## 八、研究的方法

本课题研究主要以调查法、文献法、行动研究法、案例分析法等研究方法为主。

### （一）文献研究法

运用文献研究法来厘清谐趣教学的内涵，了解当前国内外数学教学的模式和现状。

### （二）调查研究法

通过调查研究，确定研究方向。自编《小学生数学学习状况调查表》，调查及评估本校学生心理状况、喜欢怎样的学习方式，制定让学生喜欢、觉得有趣的教学策略。

### （三）案例分析法

对本课题研究中的典型案例进行记载追踪，全面分析，重点研究，认真反思，并整理成案例集，建立档案。

### （四）行动研究法

对本课题研究中的成功教育策略付诸实施行动，不断完善方案，提高实效。通过行动研究，上课—评课—研讨—反思—梳理—改进—调整—再实践—总结—凝练，探索行之有效的教法和学法。通过同课异构，分析实验中出现的问题，优化教学策略，实施谐趣教学。

### 九、研究要解决的问题

1.基于信息化，借助信息技术，让学生在特定情境中进行个性化的学习，让信息技术与数学教学深度融合，实现翻转课堂。

2.通过开展课题研究，通过创设问题情境、游戏情境、魔术情境、故事情境、生活情境，激发学生学习的兴趣，形成适合学生年龄特征和个性特点的教学策略，构建谐趣教学模式，从培养学生的基本知识和技能向培养学生的学习能力和创造能力发展，使学生获得和谐发展。

3.从学生的年龄特征和个性特点出发，重新审视并整合原有的教学理念、教学策略和教学行为，借助信息技术，优化教学手段，针对学生的具体情况、个性差异采取不同的教学方式，让学生在熟悉的情境中进行问题探究式的学习，在游戏中进行创造性学习，使学生乐学善思，落实数学核心素养。

## 十、研究的思路

本研究首先通过整理、分析国内外数学情境教学的研究成果，提出从实证角度研究数学谐趣教学；其次对学生的数学学习现状展开调查，从学生的心理状况、年龄特征、数学思维发展、学习动机和元认知等角度对教学模式展开理论探讨，提出"翻转课堂""数学魔术和数学游戏""情境创设""聚焦个性，谐趣教学"等教学策略；最后，通过教学实践对这些数学教学策略进行严格验证。

## 十一、课题研究的实践探索

为了解决问题，我们采用头脑风暴、同课异构、同伴互助、分析研讨、经验提升的策略开展行动研究，构建了谐趣教学模式。

（1）调查培训，转变理念

通过调查研究，掌握了低、中、高年级学生的年龄特征，了解了鲜活个体之间存在众多差异，不同的学生有不同的学习能力，不同年龄阶段的学生更是有不同的生理和心理特征。

通过专题培训、专家讲座、外出学习，运用案例宣讲、理论阐释等形式，转变教师理念，让教师明白"数学的本质是研究数量和空间的关系及其形式，具有生活性、现实性、体验性、教育性"；"数学教学要考虑学生的年龄特征、个性特点，要实现人人都能获得必需的数学，不同的人在数学上得到不同的发展"；"教学方式要突出活动，让学生在体验中学习；教学手段要善于借助信息技术；教学过程要注意发展学生的数学核心素养，落实立德树人目标"。

（2）行动研究，构建模式

通过同课异构，分析实验中出现的问题，优化教学策略，构建谐趣教学模式。

通过行动研究，上课—评课—研讨—反思—梳理—改进—调整—再实践—总结—凝练，探索行之有效的教法和学法。根据不同年龄段学生的个性特点及其喜欢的学习方式，选用不同的教学策略，开展实践探究，让信息技术与教学深度融合，构建聚焦个性、谐趣教学的教学模式。

（3）优化手段，激发兴趣

通过创设情境，选取适合小学生年龄特征和个性特点的教学方法，激发学生的学习兴趣，促使学生和谐发展；借助智慧课堂，实现分层教学；借助微课，突破学习时空，让每个学生学得有效；借助微答疑，让学生的疑问快速得到解决；借助作业盒子，让学生迅速了解自己的不足并马上订正；借助互联网教育平台，丰富学习资源，拓宽学习途径，真正实现个性化教学，激发学生学习的积极性和主动性。

（4）创新策略，改革评价

根据学生的年龄特征和个性特点，重新审视原有的教学理念、策略、行为，对教学的各种策略进行"应变与创新"，形成"聚焦个性，谐趣教学"的教学策略。

通过评价改革，优化评价体系，构建"个性化教学评价量表"，督促教师以学定教，谐趣教学；同时，在教学过程中紧密关注数学核心素养的培养和立德树人目标的落实，塑造学生正确的价值观，培养学生的实践能力和创新精神。

（5）凝练提升，形成理论

通过反思，回顾实验，积淀感悟出"聚焦个性，谐趣教学"的理论，并运用这一教学理论指导教学改革。

（6）推广应用，锤炼成果

研究成果在市内外进行推广，实践检验，在检验过程中进一步修改、总结、锤炼。

为充分发挥课题成果的引领和辐射带动作用，完善教育相互联动和促进机制，提升学校教师的教育教学能力，我们于2020年—2021年组织课题成果校内外推广。本次推广的内容主要分三类：示范课例、专题研讨和经验交流。在坪山外国语学校内，课题成果被全面推广。2019年至今，教师开公开课60余节，进行专题研讨和经验交流12次。课题成果除被校内广泛应用外，还被推广到梅州市、深圳市坪山区及广西壮族自治区百色市田东县，为多地送教送培。

课题组教师经过精心打磨的送教课例深受各校教师和学生的喜爱。这些课例让学生在各种趣味情境与游戏中感受数学知识并乐在其中，也让结对学校教师充分体验到了谐趣教学模式的数学课堂如何让学生在活动中学习、在活动中成功。

## 十二、成果的主要内容

### （一）构建了谐趣教学模式（一般流程如下图）

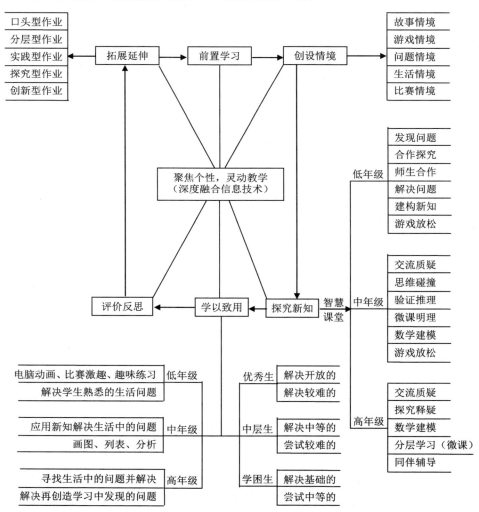

在一般流程指导下，进一步概括出相关的低、中、高年级谐趣教学模式。该教学模式在深度融合信息技术的基础上，聚焦个性，凸显谐趣，灵动教学。

（1）低年级谐趣教学模式：前置学习（微课、微答疑释疑）→创设情境（故事、游戏、动画）→合作探究（师生）→引导建构（师生）→游戏放松→趣味练习（智慧课堂）→总结评价→拓展延伸（口头型）。

（2）中年级谐趣教学模式：前置学习（微课、微答疑释疑）→创设情境（动画、问题、生活）→发现问题→合作探究（生生）→解决问题→建构新知→归纳总结→运动放松→学以致用（巩固）→评价反思→拓展延伸（分层型、实践型）。

（3）高年级谐趣教学模式：自学生疑（微课、微答疑释疑）→创设情境（比赛、生活）→合作探究（生生）→释疑明理（微课）→概括总结→学以致用（再创造）→评价体验→拓展延伸（探究型、创新型）。

**（二）形成了谐趣教学策略**

我们通过研磨课，对教与学进行实施、分析、反思、提炼、优化，形成了谐趣教学策略。谐趣教学是指教师根据学生的年龄特征和个性特点，深度融合现代信息技术，创设情境，选取最适合学生的教学策略，灵活机动地进行整合，激发学生学习兴趣，让学生在正确的价值观指引下开展个性化学习，进而促进学生人格健康和谐发展的教学活动。其核心是"聚焦个性，凸显谐趣，灵动教学"。

1. 聚焦个性

●教学目标有差异。结合教学实际情况，对不同类型、不同年龄的学生设立不同的知识目标、能力目标和情感目标，给每个学生架设成功的阶梯。

●教学方法重个性。根据学生的基础和学习能力等，组建学习小组，实现小组学习，开展同伴互助。对优秀生"以放为主，放中有扶，着重自学"；对学困生"以扶为主，扶中有放，着重辅导"。借助智慧课堂、微课视频，让学生根据自己的实际情况选取学习资源，实现个性化学习。除此之外，引导学生亲历探究、建模的过程，尽情在生活情境中发现问题、解决问题，尽量让学生在活动中学习，在体验中成功。

●教学时空延伸性。借助微课，使课前的研究学习、课中的释疑学习、课后的针对练习高效开展。学生可以根据自己的实际情况进行选择性学习，优秀生根据微课视频提前预习、拓展学习，而学困生可以根据微课视频反复学习，实现了教学的前置和后延。借助互联网，学生的学习可以随时随地，拓宽了学习的时空。

●练习设计差异性。练习是强化知识和技能的有效方式，是数学学习的必要环节。因学生存在着差异性，一方面，教师在练习时根据学生的实际情况来设置不同层次的练习；另一方面，"互联网+"让学生根据自己的需要主动地进行练习，练习的深度和强度可以因人而异，有效地激发了学生的学习积极性。

●教学资源针对性。借助"互联网+"，丰富教学资源，让学生从丰富的资源库里选取自己需要的资源。这样选取的资源是有针对性的，是最适合学生个性的，从而使学生的学习积极性得到激发，创新思维得到培养。

2. 灵动谐趣

为了有效开展适合学生个性特点的教学，我们不断对情境创设、实践操作、探究学习、合作学习、数学生活化及"互联网+"背景下的教学策略进行创新，并根据学生的年龄特征和个性特点灵动地应用在教学中，使学生有趣学习，和谐发展。

●情境创设的策略

创设问题情境，让学生学会思考；创设故事情境，让学生学得有趣；创设生活情境，让学生学得有味；创设操作情境，让学生做中学；创设动画情境，让学生趣中学；创设魔术情境，让学生乐中学；创设比赛情境，让学生赛中学。

●实践操作的策略

实施实践操作，要把抽象的数学知识转化为生活中的数学，转化为可操作的数学活动。如在教学"角的认识"时，教师通过让学生经历找角、摸角、画角、认角、比角的过程，使他们深刻认识角。找角是先让学生观察生活中的角，初步感知角，再让学生找找日常生活中的角，感知各式各样的角，由直观到抽象，由感性到理性；摸角是通过让学生动手摸一摸，感知角的顶点和角的两条边，为认识角的特点做铺垫；画角是让学生根据角的特征动手画出角；认角是通过练习，分辨怎样才是一个角，帮助学生进一步巩固对角的认识；比角是用活动的角来比较两个角的大小，让学生认识角的大小与两条边叉开的大小有关。这样教师通过引导学生开展一系列的实践活动，加深了学生对角的认识。

● 探究学习的策略

探究学习要体现主动性、问题性、实践性、开放性和综合性。借助信息技术巧设问题情境，激发探究欲望；丰富探究素材，创造探究条件；参与探究过程，注重合作交流；巧设综合训练，培养探究能力；鼓励大胆质疑，激发创新思维。如教学"圆的面积"时，教师作为引导者只是给学生指明了探究的方向，而把探究的过程留给学生。学生则以小组为单位，通过合作剪拼，把圆转化成学过的图形（平行四边形）。教师把各小组剪拼的图形逐一展示后，又结合课件直观形象的演示，引导学生发现"分的份数越多，拼成的图形就越接近于长方形"，并从中发现圆和拼成的长方形之间的关系，从而根据长方形面积的计算公式，推导出圆面积的计算公式。在整个推导过程中，学生始终以积极主动的状态参与学习讨论，共同经历知识的形成过程，体验成功的喜悦，大大调动了学习数学的兴趣。

● 合作学习的策略

合作学习中注意优化学习小组结构，培养学生的合作意识、问题意识、思考能力、应用能力，训练学生的倾听、交流、分析、概括、评价能力。

例如：在教学"比的基本性质"时，教师先让学生复习商不变的性质和分数的基本性质，然后提出"那么，'比'有没有性质呢？"并让学生以小组为单位进行讨论交流。组内成员先分别汇报各自独立思考的情况，然后相互质疑问难、找出问题，共同推导验证，组长做好记录，最后统一意见，整理方案，向全班汇报。通过让学生合作交流，加深了学生对新知的探究力度，不但在很大程度上提高了课堂教学效率，而且培养了学生参与、合作、竞争的意识。

●数学生活化的策略

数学生活化应关注学生已有的生活经验、熟悉的生活情境、将来可能的生活。生活化教学策略要在课堂中让数学问题生活化，生活问题数学化。

有一位教师在教学"面积和面积单位"这一课时，出示了一段生活情境的描述：

星期一早晨，丁零零、丁零零……小明被一阵铃声吵醒了，睁开眼一看，6时20分，起床时间到。他从大约2平方米的单人床上爬起来，来到约4平方分米的卫生间，拿起2分米长的牙刷刷起了牙，再用4平方厘米大的毛巾洗好了脸。回到房间，他拿起书，开始早读了。"小明，吃饭了。"饭厅传来妈妈的声音。小明来到饭厅，与爸爸、妈妈一起在2平方分米的饭桌上吃好了早餐。他正要走，妈妈说："小明，你那门牙上有一片菜叶，快把它弄干净。"小明用长7米的牙签把菜叶弄了下来，再用纸巾擦擦嘴，背起约12平方米的书包上学去了。

教师让学生边读边想："你发现什么问题了吗？"学生读完后，个个都哈哈大笑起来。教师又问："你们笑什么呀？"他们个个都把小手举得高高的，争着回答。学生联系生活实际，有板有眼地纠正了情境描述的错误之处：①约4平方分米的卫生间应为约4平方米的卫生间；②4平方厘米大的洗脸用的毛巾应为4平方分米大的毛巾；③2平方分米的饭桌应为2平方米的饭桌；④长7米的牙签应为长7厘米的牙签；⑤12平方米的书包应为12平方分米的书包。让学生学身边的数学，学生活中的数学，他们会觉得格外有趣，学起来也起劲。

● "互联网＋"背景下的教学策略

"互联网＋"教学是在师生分离的情况下，借助互联网信息技术开展新型的教育教学方式，实现传统教学、微课程和翻转课堂相融合。如通过网络，学生针对学习任务，在教师的引导下，自己收集、组织材料，并对收集到的材料进行加工分析，从而构建自己的认知体系，同时还经历多种体验。

**（三）拓宽了教学方式**

"互联网＋"和微课突破了学习的时空限制，使每个学生都能用自己喜欢的方式进行学习，学得更主动、更有趣，真正变"要我学"为"我要学"。

微课在课堂上的大量科学、合理、有效地应用，对于课堂教学改革有着重要的作用。

（1）利用微课教学，打破了教学的时空局限

学生由于受到生活经验的限制，对课本有些内容的理解受到局限。有了微课的辅助，教学活动大大超越课堂的时空，拓宽了学生的知识面，弥补了学生眼界的不足，使课堂焕发出勃勃生机，实现了"小课本，大课堂"。

（2）利用智慧课堂，优化课堂氛围，达到寓教于乐的效果

以前总是教师先讲然后学生再练，学生总是处于被动状态，后进的学生听不懂，优秀的学生听得不耐烦。久而久之，学生失去了学习的兴趣。而如今借助信息技术，实现了先学后讲，能让学生根据自己的需要提前学习，并且生动的视频和互动的交流更能激起学生的兴趣，提高他们的自信心和积极性，增加了课堂趣味性。

（3）利用微课教学，实现课堂教学向课外延伸

微课在课后的应用，主要目的是帮助学生巩固当天所学知识，以实现知识的查缺补漏。学生可以根据自己的需要选择学习进度，还可以巩固自己已经学会的知识，实现课堂教学向课外延伸。

（4）利用微课实现直观想象和数学抽象，发展学生的思维

小学生以形象思维为主，利用微课辅助教学，为小学数学教学过程提供生动形象的感性材料，为学生搭桥铺路，让学生参与其中，帮助学生观察、比较，逐步把握知识的实质，实现了直观想象和数学抽象，发展了学生的思维。

**（四）凝练出"谐趣教学理论"**

通过反复研磨、分析、总结、反思，凝练出"根据学生年龄特征和个性特点，以信息技术为载体，构建合作学习小组，整合多种教学策略，融合研究性学习和个性化教学的谐趣教学理论"。

**（五）优化教学评价体系**

在实验过程中，我们以评价改革为突破口，优化了教学评价体系，开发

了"谐趣教学评价量表"。该评价体系主要针对学生学习过程的方法、兴趣、能力、核心价值观的形成等进行评价。

（1）关注学生的学习过程，实施个性化评价。在实施个性化教学的过程中，面对个性不同的学生，面对每个学生在成长中每天的新变化，实施具体化、个性化的评价，关注学生的学习过程，让每个学生都能获得不同的发展。

（2）关注学生学习情感，运用激励评价。优化评价手段，走进学生的内心，关注学生的学习情感，让每次评价成为师生交流情感的机会，使每个学生都能体验到理解、信任、关心、尊重和鼓励，激发学生的兴趣。

（3）关注学生学习方法，开展多元评价。我们要关注学生学习方法，引导学生通过自评、他评、互评，反思学习过程和方法，找出自身的长处和不足，从而不断提高、不断改进。

## 十三、应用效果

小学数学谐趣教学实践研究是一个不断探究、不断创新、不断检验的过程。通过实践检验，我们取得了突出的成效。

### （一）通过研究，助力教师专业化发展

1. 提升教师对"微课""智慧课堂"等教学手段的认识

我们把微课等教学手段引入教学的目的是更好地服从课堂教学，充分发挥学生在学习中的主体性，从而达到最佳的教学效果。微课等教学手段给课堂带来丰富多彩的教学资源，把这些教学资源"合理整合"为学生所用，就能形成一种比较理想的学习方式。

2. 提升教师运用"微课""智慧课堂"等教学手段的教学能力

教师备课前除了先熟悉、钻研教材，还要上网查阅教学资源，更重要的是结合自己学生的特点，科学、合理、有效地选择出核心的教学知识点进行课件制作和微课制作。这对于教师来说，无疑是一个重要的挑战，也是一次非凡的成长。

3. 提升教师制作微课资源的能力

随着教育信息化的日益全面深入，关于课堂教学的基本理念、基本思

路、基本模式以及基本方法也悄然发生改变，并以主动积极的姿态，迎接"互联网+"时代的到来。作为教师，我们必须不断提升自己的能力，以适应新时代的需求。

（1）处理教材的能力。紧扣课程标准，围绕教学目标，科学选择、分析与处理微课教学知识点。课程标准和教学目标是科学选择、分析与处理微课教学知识点的前提。

（2）选择和制作微课的能力。微课是用来支持学生个性化学习的，是以学生的"学"为导向的。因此，微课的选择和制作，就成为教师的必备能力。本课题研究提升了课题组教师制作微课的能力。

**（二）提高了学生的综合素质**

本次实验提高了学生的综合素质，也提高了学生的实践探究能力、解决问题能力，培养了创新思维。同时，学生对小科技也萌发了极大的研究兴趣。

**（三）发展了学生的数学核心素养**

教师越来越关注学生数学核心素养的培养，善于结合生活实际，设计有效的教学活动，让学生参与探究过程，亲历抽象过程，体验数学建模，培养空间观念。学生学会了用数学的眼光去观察、用数学的思维去分析、用数学的语言去表达。学生的数学思维、数学理解、数学交流、解决问题的能力等数学核心素养得到了发展。

**（四）落实了立德树人的目标**

通过灵动的教学，灵活地把社会主义核心价值观渗透到学生的学习过程中，培养了学生严谨的思维品质、理性的思考能力、优雅的审美意识、强烈的家国情怀、健全的人格品行，充分发挥了数学丰富的、独特的、不可替代的德育功能。

**（五）提升了教师素质，提高了教学质量**

通过课题研究，全体课题组成员深刻认识到微课等教学手段对谐趣教学的重大作用，也明确了今后在教育信息化方面努力的方向，并积极撰写教学论文。这次课题研究全面提升了教师的专业素养，培养了一批有思想有能力的优秀骨干教师，很多教师在各级各类的教育教学评比和竞赛中取得了丰硕的成绩。

## 十四、创新及应用价值

### （一）创新之处

1. 创新教学手段

一是借助现代信息技术，化抽象为具体，化静态为动态，化枯燥为生动，充分创造出有声有色、生动形象的教学情境，让学生视听结合，手眼并用，给学生带来全新的学习环境和认知方式，实现高效课堂。

二是借助互联网教育平台，丰富了学习资源和学习方式，实现教育资源共享和利用。借助微课，突破了学习的时空限制。借助智慧课堂、作业盒子、微答疑，实现分层教学，分层布置作业和测评，实现个性化学习。

2. 创新教学模式

该项成果突破了过去一刀切的现状，根据学生的年龄特征、个性特点对教学的基本模式进行"应变与创新"，从而构建信息技术支持下的小学数学个性化教学模式。该教学模式的核心是"聚焦个性，凸显谐趣，灵动教学"。教师既可以借助信息技术创设直观、形象、生动、新奇的形式进行教学，使学生学得有趣，也可以借助微课视频实现教学的前置和后延。学生可以亲身感悟，可以小组合作、生生辅导，也可以借助互联网进行自我学习，实现个性化学习。

3. 创新教学理论

目前小学数学的教学理论主要有尝试学习理论、发现学习理论、探究学习理论、再创造学习理论、范例学习理论，这些理论有其独特性，但也有片面性。本次实验凝练出了"根据学生年龄特征和个性特点，以信息技术为载体，构建合作学习小组，整合多种教学策略，融合研究性学习和个性化教学的、聚焦个性的谐趣教学理论"。

### （二）本课题研究的实际应用价值

整合多种教学策略，激发学生的学习兴趣，培养学生的探究意识和创新思维；提高学生的综合素质，发展学生的数学核心素养，落实立德树人的目标；助力教师专业化发展，提高教学质量。

2020 年 12 月

🔍 **附教学案例**⋯⋯⋯⋯⋯⋯⋯⋯⋯⋯⋯⋯⋯⋯⋯⋯⋯⋯⋯⋯⋯⋯⋯⋯⋯⋯⋯⋯⋯⋯

# "长方形的面积"教学实录与评析

执教教师：廖碧娥　深圳市坪山区同心外国语学校

**【教学内容】**

北师大版小学数学三年级下册第53—55页。

**【教学目标】**

1.通过操作、观察、思考等活动理解并掌握长方形和正方形的面积计算公式，能应用计算公式解决生活中有关长方形和正方形的面积问题。

2.用猜想—探究—验证—概括的方法，经历探索、了解长方形的面积计算公式的推导过程，并能类推出正方形的面积计算公式，发展观察、分析、推理、概括等思维能力，积累数学活动经验，提高解决问题的能力，发展空间观念。

3.让学生在学习活动中感受面积计算公式的科学性，体会成功探索问题解决的过程，激发学习数学的兴趣，增强学好数学的自信心，同时抓住契机适时进行立德树人教育。

4.培养学生的动手操作能力、抽象概括能力、类比迁移能力。

**【教学重点】**

理解、运用长方形和正方形的面积计算公式。

**【教学难点】**

正确推导并理解长方形和正方形的面积计算公式。

**【教学准备】**

课件，若干个面积为1平方分米的正方形。

**【教学过程】**

**一、创设情境，提出问题**

师：同学们，智慧城堡的堡主准备给地板铺上瓷砖，熊大和熊二拿着质量一样的瓷砖游说堡主购买。走，咱们去看看。（熊大拿着长4分米、宽3分

米的长方形卡纸，熊二拿着长 6 分米、宽 2 分米的长方形卡纸）

生 1：我是熊大，我的瓷砖面积大，一块 9 元，买我的。

生 2：我是熊二，我的瓷砖比你的长，我的面积大，每块只卖 8 元，我的便宜，买我的。

生 1：我的大。

生 2：我的大。

生 1：认为我的大，支持我的举起你的手。

生 2：认为我的大，支持我的，拍拍你的手。

师：到底谁的面积大呢？要判定它们谁的面积大，就是要比较这两个长方形面积的大小。（板书：长方形的面积）长方形面积的计算方法就是我们这节课要解决的主要问题。

**二、实践探究，构建新知**

1. 实践探究，初步感知

师：老师为每一组准备了跟熊大、熊二瓷砖面积一样大小的长方形卡纸以及若干个面积为 1 平方分米的小正方形，下面请同学们小组合作，用自己喜欢的方法测量出它们的长、宽以及面积，并把测量的结果填在这张表格上。填完后在小组内交流你们的方法和发现。（课件出示长方形）注意哦，不仅要量得对，更要量得巧！比一比，看哪一组量得最快，讨论得最认真。

学生操作，教师巡视。

师：老师刚才发现同学们测量得很认真，讨论得很热烈。老师在巡查时收集了一些作品。（出示作品 1：熊大的瓷砖）

师：这是哪一组的作品？请说说你们组测量的结果和发现。

生 1：我们组用小正方形摆满瓷砖，一共用了 12 个小正方形，每个小正方形的面积是 1 平方分米，所以熊大的长方形瓷砖的面积就是 12 平方分米。我们还发现长是 4 分米，宽是 3 分米，长 × 宽 =4×3=12 平方分米。

生 2：我们还发现长方形的面积与长和宽之间的关系。你看，每排摆 4 个小正方形，每个边长是 1 分米，4 个 1 分米就是 4 分米，说明长方形的长是 4 分米；竖着摆了 3 个，3 个 1 分米，说明宽是 3 分米。我们刚才发现这个长方形的面积是 12 平方分米，而长乘宽的积也是 12 平方分米，所以我们认为长方形的面积 = 长 × 宽，熊大的瓷砖面积是 12 平方分米。

师：你们觉得他们说得怎么样？

生 3：他们组说得很好，告诉了我们熊大的瓷砖面积是 12 平方分米。

师：我们再来看这组作品（出示作品 2）。这是哪一组的作品？请派一个同学上来说说你们组的方法和发现。

生 4：我们用 1 平方分米小正方形去摆，1 平方分米小正方形的边长是 1 分米，每排摆 4 个小正方形，说明长是 4 分米，摆了 3 排，说明宽是 3 分米，4×3= 12（个），用了 12 个小正方形，每个小正方形的面积是 1 平方分米，所以熊大的长方形瓷砖的面积就是 12 平方分米。也就是说，长 4 分米、宽 3 分米的长方形的面积是 12 平方分米。长方形的面积 = 长 × 宽。

生 5：你们觉得我们组的发现好不好？

生 6：我觉得他们组说得很清楚。

生 7：他们还发现了长方形的面积 = 长 × 宽，他们观察很细心，也很善于思考。

师：你们听懂了吗？（听懂了）谁再来讲一讲？

教师出示作品 3。

生 8：这是我们组的作品。我们在熊大的瓷砖上横着摆了 4 个小正方形，说明每排有 4 个；竖着摆了 3 个，说明有 3 排。4×3=12（个），每个小正方形的面积是 1 平方分米，所以熊大的长方形瓷砖的面积是 12 平方分米。因为每个小正方形的边长是 1 分米，横着摆了 4 个，说明长方形的长是 4 分米，竖着摆了 3 个，说明宽是 3 分米，所以长 × 宽 = 长方形的面积 =12 平方分米。

师：都是善于思考的好孩子，老师为你们感到骄傲。

师：（出示作品 4）这是哪组的作品？请上来说说你们组的测量结果和发现。

生 9：我们组用边长是 1 分米的小正方形摆满长方形，沿着长摆了 4 个小正方形，说明长是 4 分米；竖着摆了 3 个，说明宽是 3 分米，长 × 宽 =12 个，每个小正方形的面积是 1 平方分米，所以大长方形的面积就是 12 平方分米。

而长 × 宽也等于 12 平方分米，我们猜长方形的面积可能等于长 × 宽。

师：你们测量的时候用的正方形更少了，但是方法却更巧了。真棒！

2.验证猜想，深化感知

师：你们在测量熊二的瓷砖时又有什么发现？（出示熊二的瓷砖）

生 1：我们组发现用小正方形摆满了瓷砖，一共是 12 个，每个小正方形的面积是 1 平方分米，所以长方形的面积就是 12 平方分米。熊二的瓷砖的面积是 12 平方分米。我们还发现长是 6 分米，宽是 2 分米。长 × 宽也等于 12 平方分米。

生 2：我们组发现每排摆 6 个小正方形，说明长是 6 分米；摆了 2 排，说明宽是 2 分米，6×2=12 个。每个小正方形的面积是 1 平方分米，熊二的长方形瓷砖的面积就是 12 平方分米。我们还发现长方形的面积 = 长 × 宽 =6×2=12 平方分米。我们发现熊大和熊二的瓷砖面积一样大，都是 12 平方分米。

生 3：我们发现，熊二的瓷砖横着摆用了 6 个小正方形，说明一排 6 个；竖着摆了 2 个，说明有 2 排，6×2=12 个。每个小正方形的面积是 1 平方分米，所以熊二的这个长方形瓷砖的面积是 12 平方分米。我们还发现每个小正方形的边长是 1 分米，这里有 6 个 1 分米，长就是 6 分米；竖着摆了 2 个，说明宽是 2 分米。长 × 宽 =12 平方分米。熊二的瓷砖面积和熊大的瓷砖面积一样大。同时发现熊二的瓷砖面积也等于长 × 宽。

师：你们都是既细心又善于分析的孩子，帮熊大和熊二解决了它们的问题，验证了同学们的猜想。

生 4：我们用摆小正方形的方法发现熊大和熊二拼图的面积是一样的。我们还发现长方形的面积可以用长 × 宽求出来。你们赞同我们的发现吗？

学生回答：赞同。

师：看来同学们都是善于思考的孩子，不仅会测量，还发现了长方形面积与长和宽之间的关系。

师：同学们发现两种瓷砖面积一样大，都是 12 平方分米，质量也一样，你觉得选哪种瓷砖比较好?

生:选熊二的瓷砖,每块 8 元,单价比较便宜。

师:你们都是很有经济头脑的孩子。

师:同学们经过自己的探究,帮堡主选好了瓷砖,解决了他的难题。

3. 再次实践,深化发现

师:堡主还有一个问题,你们能帮他解决吗?(能)同学们刚才发现了这两个长方形的面积 = 长 × 宽。那么是否所有长方形面积都等于长 × 宽呢?下面请同学们四人小组继续合作,用最少的正方形测量出第三张卡纸的长、宽和面积,然后把数据填在表格的最后一行里。最后,分析表格里的数据,你们又有什么发现,把你们的发现跟同学说说。

学生操作,教师巡视指导。

师:谁来告诉大家你们组的发现?

生 1:我们发现了沿着长摆了 5 个,说明长是 5 分米;沿着宽摆了 2 个,说明宽是 2 分米,$5 \times 2 = 10$ 个。每个小正方形的面积是 1 平方分米,10 个就是 10 平方分米,所以这个长方形的面积是 10 平方分米。长 5 分米,宽 2 分米,长 × 宽 $= 5 \times 2 = 10$ 平方分米,所以长方形的面积 = 长 × 宽。

师:为什么长摆了 5 个正方形,长就是 5 分米?

生 1:因为 1 平方分米的正方形的边长是 1 分米,5 个就是 5 分米。

生 2:我们发现"长里面长度单位的个数 × 宽里面长度单位的个数 = 长 × 宽 = 长方形的面积"。

师:你们都是善于思考的孩子。

4. 深化探究,概括总结

师:刚才同学们发现了这张长方形卡纸的面积也等于长 × 宽,我们回头看看刚才大家测量出的这三组数据。(出示)

第一组:长是 4 分米,宽是 3 分米,面积是 12 平方分米。

第二组:长是 6 分米,宽是 2 分米,面积是 12 平方分米。

第三组:长是 5 分米,宽是 2 分米,面积是 10 平方分米。

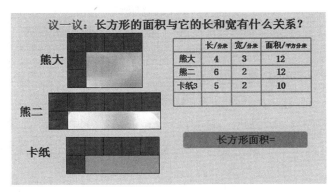

师：下面请同学们仔细观察这三组数据，想一想长方形的面积与它的长和宽有什么关系，然后总结出求长方形面积的计算公式。

生：我通过比较后发现长方形的面积 = 长 × 宽，这个公式适用于求所有的长方形面积，大家赞同我的看法吗？（赞同）

师：你真是善于思考的孩子。

师：刚才同学们用摆小正方形的方法发现了长方形面积的计算公式，看来，不管长方形有多大，知道了长和宽就可以求出长方形的面积。这说明同学们刚才猜想到的长方形的面积与它的长和宽有关是正确的。请同学们再说说长方形的面积计算公式。

生：长方形的面积 = 长 × 宽。

5. 应用新知、解决问题

师：假如老师把这个长方形变大，变大，变成像黑板这么大，你还要用摆小正方形的方法测量出这块黑板的面积吗？（不用）你用什么方法求出它的面积？

生：测量出它的长和宽，用长乘宽就可以求出它的面积。

师：假如我测量出这块黑板的长是 3 米，宽是 1 米，它的面积是多少？怎样算出来的？请说一说。

师：谁来告诉大家怎样求这个长方形的面积？

生：用长乘宽就能计算出长方形的面积。3 × 1 = 3 平方米。

师：你觉得她说得怎么样？也就是说要求长方形的面积就要知道它的什么？（知道它的长和宽）然后怎样求它们的面积？

生：用长乘宽就能计算出长方形的面积。

师：如果用字母 a 表示它的长，用 b 表示它的宽，S 表示长方形的面积，这个计算公式能写成什么？

生：S=a×b。

师：老师还有一个疑问，假如知道了长方形的面积和长，你有办法求出它的宽吗？

生：有，面积除以长就等于宽。

师：同样道理，如果知道长方形的面积和宽，你有办法求出它的长吗？

生：有，面积除以长就等于宽。

6. 知识迁移，建模延伸

师：同学们真了不起，像数学家那样研究和总结出了长方形的面积计算公式。

教师出示长方形。

师：这是刚才熊二的瓷砖，老师让它变一变，变，长缩短了，变成了长 3 分米，宽 2 分米，谁能告诉大家这个长方形的面积是多少平方分米？（学生回答）

师：再变、变，变成了什么图形？（正方形）对，一个边长为 3 分米的正方形。同学们，正方形是特殊的什么图形？（长方形）对了，那你能求出这个正方形的面积吗？下面请同学们把自己的想法跟同桌交流。

学生交流，教师巡视。

师：谁来汇报一下你们研究的结果。

生 1：3×3=9（平方分米）。

师：你是怎么知道的？

生 2：正方形是特殊的长方形，正方形的这条边就是原来长方形的长，正方形的那条边就是原来长方形的宽，我们根据长方形的面积 = 长 × 宽，推导出正方形的面积 = 边长 × 边长。

师：你是用类比推理的方法发现了求正方形面积的计算方法。真棒！

师：你们赞同吗？（赞同）

师：同学们不仅细心观察，还善于联想和推理！正如同学们所说，当长方形长和宽相等时，就得到了正方形，根据长方形的面积计算公式，你能推导出正方形的面积公式吗？

生：正方形的面积＝边长×边长。

师：用字母 a 表示正方形的边长，S 表示它的面积，这个计算公式可以写成什么？（S=a×a）大家集体读一遍。

**三、回归生活、学以致用**

师：同学们，你们真厉害，通过自己的探究发现了求长方形和正方形面积的计算公式。老师奖励大家看一个短视频。你们知道吗？熊大和熊二还是劳动小能手，走，咱们去看看（播放熊大熊二"美化森林铺草坪"的视频）。

师：它们为美化森林辛勤劳动着，植树、铺草坪。你们能用自己学到的方法判定它们谁铺的草坪面积大吗？并说明理由。请同学们在同组内说说。（出示植树视频）

同组学生讨论，教师巡视。

师：谁来告诉大家，它们谁铺的草坪面积大？为什么？（学生答）

师：同学们，你们真棒，再次帮助熊大、熊二解决了它们的问题。我们以后也要像熊大、熊二那样，做热爱劳动的好孩子。

师：同学们，长方形的面积与我们的生活息息相关。很多建筑都与长方形的面积有关。瞧（出示长方形的建筑）。说起建筑，老师想起一件事，智慧城堡的堡主要聘请一批设计师，老师很希望你们能成为智慧城堡的设计师，如果你们通过了堡主的考验，就能成为城堡的设计师。你们有没有信心成为设计师？（有）走，咱们去看看。

1. 领取入场券（课件出示）

师：请说说用今天所学的知识可以解决我们身边的哪些问题？请同学们跟同桌说说。

学生交流。

师：刚才老师发现同学们交流得很认真。看来大家都能拿到入场券。下面谁来汇报一下你们的发现。

生 1：我们教室地面要铺瓷砖，知道地面的长是 8 米，宽是 6 米，请问我们教室地面的面积是多少？

生 2：根据长方形的面积 = 长 × 宽，所以地面的面积是 8×6=48 平方米。

生 3：如果用边长为 4 分米的正方形方砖铺我们的教室地面，需要几块方砖？

师：刚才同学们求出了我们教室的地面面积是 48 平方米，请你们算一算，需要几块方砖呢？

生 4：我们可以用正方形的面积 = 边长 × 边长，求出小方砖的面积是 16 平方分米，然后把 48 平方米化成 4800 平方分米，4800÷16=300 块。

师：你们不仅善于发现我们身边的数学问题，还善于用所学的知识解决我们身边的问题。堡主可高兴了。

（出示配音：祝贺你，顺利领取入场券，进入我们美丽的智慧园。）

2. 走进智慧城堡

师：祝贺大家，来到智慧城堡。但只有入场券还不够呢！我们还要接受闯关的考验，这肯定难不倒我们，是吗？（是）瞧，城门紧锁着，要进到城堡，我们要填完下表，才能拿到钥匙，开门进去。

师：下面请同学们运用刚才所学的知识解决表格里的问题。

|  | 长 / 边长（厘米） | 宽 / 边长（厘米） | 面积（平方厘米） |
|---|---|---|---|
| 长方形 | 12 | 6 |  |
| 长方形 |  | 8 | 80 |
| 正方形 | 7 | 7 |  |

学生填表，教师巡视。

师：下面谁来汇报一下。

学生汇报。

师：跟他答案一样的请举手。

师：同学们可真棒，轻轻松松又过了一道关。（配音：祝贺你们胜利闯关，成了小小设计师。）

3. 进入设计园

师：我们来到了设计园。设计园里的挑战又是什么呢？

出示：一块面积是 72 平方分米的长方形台布，长 9 分米，它的宽是多少分米？

师：请同学们拿出课堂本，把这道题做在本子上。

学生解题。

师：谁来汇报，并说明理由。

生汇报：知道长方形台布的面积和长，求它的宽，我们可以用面积÷长＝宽，求出宽，所以宽是 72÷9=8（分米）。

师：跟这位同学一样的请举手。恭喜大家，你们已经成为智慧城堡的设计师了。相信同学们在设计师的岗位上能设计出很多美丽实用的图案。

**四、归纳总结，反思评价**

总结评价：谁来告诉大家，这节课你学到了什么？你觉得谁表现最好？

**五、拓展延伸，个性练习**

师：回家后请同学们根据算式设计出美丽的长方形，比一比，看谁是最佳设计师。（出示课本 55 页第 8 题：根据上面的算式在方格纸上画出长方形。）

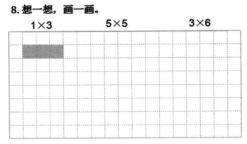

师：除了这道题目，还有分层作业，请同学们回家后选取自己喜欢的题目完成。

分层作业（回家后选取自己喜欢的题目完成）：

1. 一个长方形的长是 9 米，宽是 4 米，它的面积是多少平方米？

2. 一块正方形的桌布，边长是 4 米，它的面积是多少平方米？

3. 一个正方形喷水池的周长是 20 米，它的边长是多少米？面积是多少平方米？

4.有一块长方形草坪，长 50 米、宽 20 米。

（1）这块草坪的面积是多少平方米？

（2）小明沿着草坪的四周走了一圈，他走了多少米？

5.回家后找出一个长方形的物体，量出它的长和宽，并计算出它的面积和周长。

**【教学评析】**

教师在这一节课教学中引导学生亲历探究、发现新知、数学建模的过程，让学生通过操作、观察、思考、概括、总结、推理等活动理解掌握长方形和正方形的面积计算公式，并应用计算公式解决生活中的问题，培养学生的动手操作能力、抽象概括能力、类比迁移能力，同时适时渗透立德树人的教育。

1.趣中探究。让学生亲历知识的探究过程，通过自己的探究发现要学的知识，并通过猜想—探究—概括—验证的方法，经历探索、了解长方形的面积计算公式的推导过程，积累数学活动经验，提高了学生解决问题的能力，发展了空间观念。学生亲历铺满小正方形到少用甚至不用小正方形铺都能求出长方形的面积的过程，不仅发现了面积计算公式，更主要的是亲历了实践操作、小组交流、经历探索研究长方形面积公式的过程，并能感悟到长乘宽的算理，进而对数学有深刻理解，知其然更知其所以然。本节课教学过程注重学习方法，注重思维方法，注重探索方法，让学生主动获取知识；同时也让学生知道这些知识是如何被发现的，结论是如何获得的，体现了"方法比知识更重要"这一教学价值观。

2.趣中释疑。采用"问题—探究"型的谐趣教学模式。这节课教师重视激发学生猜想，并通过自己的探究解决问题，验证猜想。从一开始，熊大、熊二谁铺的草坪面积大这一问题引入，到引出怎样求长方形、正方形的面积这一本节课重点研究的问题，激发学生探究的欲望，重视问题的提出。在课堂中，教师把学生引入有关的问题情境中，激发学生产生弄清未知事物的迫切欲望，诱发学生去猜想、去探索。

教学中重视探究过程，让学生充分体验。教师留给学生充足的时间进行思考，通过操作来解决问题，进行数学归纳，提升数学思想，鼓励学生用已有的经验或直观体验来解决问题，从而获得丰富的学习体验。

3. 思维激活。由直观到抽象，实现数学思维的提升。紧扣测量主线，学生从用单位面积去测量获得长方形的面积到抽象得出长方形的面积计算公式，学生的思维实现了从具体形象思维到完成数学抽象的过程。

4. 趣中构建。正确利用迁移，促进学生理解新知。通过变长方形的宽，利用长方形的面积公式和正方形是特殊的长方形推导出正方形的面积公式，使学生了解了一般与特殊的关系，又形象地沟通了长方形与正方形的联系；同时培养了学生的类比推理能力，发展了学生的观察、分析、推理、概括等思维能力。

5. 趣中发展。注重学生和谐发展，实施谐趣教学。首先，教师通过创设熊大、熊二比瓷砖大小的情境引出问题，激发学生的探究欲望，到欣赏植树小动画，引出比较草坪面积的大小，从欣赏生活中的长方形到发现生活中与长方形面积有关的问题，以及为争当智慧城堡的设计师而进行闯关游戏，整个过程以"趣"为主线，激发学生探究的兴趣、学习的欲望。其次，教师和学生在课堂上的活动，不论是教师的启发、提问，还是学生的讨论、探索，都紧紧围绕学生的学习，让学生和谐发展。

6. 注重个性。练习设计具有应用性和层次性，引导学生将所学知识应用到生活中去。通过实际问题的解决，学生的知识化为能力，使学生体会到数学与生活的联系。

## "确定位置（一）"教学实录及评析

执教教师：蔡盼盼  深圳市坪山同心外国语学校

【教学内容】

北师大版小学数学五年级下册第六单元第一课时"确定位置"。

【教学目标】

1. 在"绝地求生"的与队友汇合、找空投的游戏情境中，学会根据方向和距离确定位置，学会自建参照系来确定位置。

2.在数学学习中感受方法的多样性，培养思维的条理性和严谨性。

3.经历探索和发现数学知识的过程，积累数学活动经验，进一步培养自主探索与合作交流的能力，体验学习和探索活动的乐趣。

**【教学重点】**

在"绝地求生"的与队友汇合游戏情境中，让学生体会将角度、方向、和距离结合起来才能确定一个物体的具体位置。

**【教学难点】**

观测点不同，方向标也不同。

**【教学准备】**

课件、学习单。

**【教学过程】**

**一、游戏导入，激发兴趣**

师：同学们，谁玩过"绝地求生"这个游戏？

学生纷纷举手，跃跃欲试。

师：我们都知道，"绝地求生"这个游戏在进入战斗前得先跳伞，那现在大家已经组建队伍，马上就要跳伞了。在跳伞前，你和你的队友得先干吗？

生：我们会语音连线，确定四个队友要去哪儿。

生：我们会做标记。

师：为什么做标记？

生：做标记、定点是为了确定等会儿要到达的位置。

师：对了，那请同学们回忆一下，我们已经学习了哪些确定位置的知识？

生：嗯，找方向，东南西北。

师：还有呢？

生：四年级时学习了数对。

师：嗯，今天这节课我们就继续学习有关确定位置的知识。

**【评析】**本环节以学生喜闻乐见的"绝地求生"游戏引入，吸引学生的注意力。

**二、抛出问题，引发思考**

环节一：初步感知如何确定方向并读懂方位图

师：同学们，现在你跳伞到狮城了，而你的小伙伴跳到了大矿山，你怎么才能跟你在大矿山的队友汇合？

生：我知道，朝着东北方向走。

（教师板书：方向）

生：老师，我认为不一定，如果大矿山是东北面，那幸福村也在狮城的东北面，可能会走错了。

师：这个同学反应很快哦，朝着东北方向一定能和你的队友汇合吗？

学生皆陷入思考。

师：那该怎么区分呢？

生：一个方向是不太能确定具体位置的，要找个更加清晰的，能把方向信息表示出来的方法。

师：究竟有什么方法能更加清晰地把方向信息表示出来，请同学们四人小组讨论讨论。

生：可以加入具体的角度。

（教师板书：角度）

师：跟哪个角度有关呢？请同学们在学习单上标出来。

【评析】这一环节围绕核心问题"大矿山的方向跟哪个角度有关"展开。学生通过找角、量角环节学会找出有关的方位角，并学会表达大矿山在狮城北偏东 30 度方向，或者东偏北 60 度方向。在此基础上，相机介绍"北偏东""北偏西""南偏东""南偏西"等描述方向的新方法，突出新旧知识的内在关联，帮助学生初步领会"北偏东""北偏西""南偏东""南偏西"等说法的实际含义。通过自主探索、师生互动、生生互动、合作交流，动手操作等环节，学生经过观察、分析逐步感知角度确定方向的作用，学会用角度表示任意方向。

环节二：确定在同一个方向上两个物体的相对位置

声音播放：一号一号，请注意！我发现在狮城北偏西 30 度的方向上有空投降落。

师：同学们，你们知道该去哪儿找空投吗？

生：电站和皮卡多都在狮城的北偏西 30 度方向上。到底去哪里找呢？

师：如何区分他们的位置？请同学们先自己动脑想一想，再和小组同学交流。

生：还需要知道空投距离我们大概有多远。

（教师板书：距离）

师（给出距离后）：现在赶紧向你的小伙伴们报一报空投的位置吧。

生：空投在电站，也就是在狮城的北偏西 30 度方向上，距离狮城 35 km。

【评析】本环节的核心问题是"找空投"，也就是"究竟怎么确定位置"。这一环节是本节课的重点。学生在看图回答问题时，可以初步认识到：正是因为有了明确的角度，所以能够更加清楚地说明电站和皮卡多所在的方向；正是因为有了明确的距离，所以能够准确地描述空投所在的位置。换句话说，方向和距离是确定位置不可或缺的两个要素，只有既明确方向又明确距离，才能准确地确定物体的位置。学生在活动中体验了物体位置表达形式的逐步优化过程。

环节三：感知观测点的重要性

声音播报：（警报声）毒圈开始缩小，还剩 30 秒。

师：同学们，毒圈缩小了，我们现在需要去哪里？

生：需要从皮卡多到幸福村。

师：快跟你的同伴说说你的行走路线。

生 1（按照学习单上原有的方向标描述路线）：以狮城为观测点，从狮城北偏西 30°，距离狮城 30 km 的皮卡多跑到狮城，捡一些装备，再到狮城北偏东 50°，距离狮城 27 km 的幸福村潜伏。

生 2（以皮卡多为观测点重新建立方向标，描述路线）：时间不够了，我们决定直接去幸福村，可以以皮卡多为观测点，向皮卡多南偏东 80°，开车 45 km 到幸福城。

【评析】学生在此环节需要根据方向和距离向同伴描述行走路线，并让每个学生都开口在组内说一说，然后在全班交流不同的描述方法。通过引导与交流以及学生自己亲口表述，学生感受借助参照、方向、距离表达物体位置的准确性和优越性，体验物体位置表达方式的神奇和美妙，感知观测点的重要性，突破本节课难点。

**三、独立思考，练习巩固**

1. 练习一：以狮城为观测点，请你写出普罗港的位置信息。

2. 练习二：游戏开发商要增添一个新的地点"学校"，它以橙花镇为观测点，位置在南偏西 70°，距离橙花镇 10 km，你能把它的位置找出来吗？

【评析】在最后一个环节，设置了两道练习题进行巩固与升华，让学生明白确定位置与实际生活是密不可分的。第 2 个问题留给学生课后思考。学生带着问题下课意味着带着思考下课，持续的数学思考是引领学生感受数学神奇与美妙的重要途径。

【教学评析】

"确定位置"是北师大版小学数学五年级下册第六单元第 1 课时的内容，属于图形与几何板块。本课是小学阶段最后一个关于图形位置的知识，学生需要在这一课时里面学会根据方向和距离确定位置，同时也要学会自建参照系来确定位置。学生在生活中对判断方向已经有了一定的经验，在之前的学习中也已经学习了方位、数对、量角器量角画角等相关知识。

本节课的核心问题是：1. 什么是确定位置；2. 怎么确定位置；3. 确定位置有什么用？如何在教学设计中体现以上的思考还能调动学生的学习兴趣呢？蔡老师结合游戏进行教学，实现了谐趣教学。

教师引导学生通过玩游戏，亲历发现问题、解决问题、构建新知、应用新知的探究过程。在游戏导入环节，通过教师追问"四个队友去到哪里""为什么要做标记"解决了"什么是确定位置"这一问题。在学习新知部分，教师设计了初步感知如何确定方向并读懂方位图、确定在同一个方向上两个物体的相对位置、感知观测点的重要性三个层层递进的环节来解决"怎么确定位置"的问题，然后精心设计了生活化的练习题，让学生了解"确定位置有什么用"。

# 第二章　如何上好小学数学课

　　要上好数学课，教师要能转换角色，转变学生的学习方式，鼓励学生在"做"中学数学，在"玩"中学数学，学生活中的数学，用数学解决生活中的问题；同时，教师要能根据学生的年龄特征和个性特点，选取学生喜欢的方法激发学生学习的兴趣。精心预设，是成功上好一堂课的基础。教学艺术，是成功上好一堂课的关键。精彩导入，是成功上好一堂课的良好开端。科学设问，是成功上好一堂课的桥梁。组织教学，是成功上好一堂课的有力保证。课堂小结，是成功上好一堂课的完美结局。

# 如何上好小学数学课

如何才能上好小学数学课呢？要上好数学课，首先，教师要能转换角色，转变学生的学习方式，鼓励学生在"做"中学数学，在"玩"中学数学，学生活中的数学，并且要学会运用学到的数学知识解决生活中的问题。其次，教师要了解新课程改革的要求，明白数学的核心素养，确定教学目标，还要了解数学学习的基础性、普及性和发展性。

## 一、精心预设，是成功上好一堂课的基础

教学预设，就是教师在上课前，应用系统的方法分析教学问题，确定教学目标，设计解决问题的步骤，选择相应的教学策略和教学媒体，分析评价其结果的过程。教学预设分为教学目标的编制、教材的分析和处理、了解学情并研究学生、教法的选择、教案的编写五个部分。

1.吃透大纲，明确培养目标，落实数学核心素养

教学目标是进行教学设计的依据，因此，确定教学目标是教学设计的核心问题。新课标要求数学课堂教学应达到"数学抽象、逻辑推理、数学建模、数学运算、直观想象、数据分析"这六大核心素养，所以教师就要紧紧围绕这几方面设计教学目标。

2.深钻教材，把准重点、难点、关键点，做到因材施教

"重点"是教材中最基本、最重要的核心部分。教学中应突出重点，突破难点，抓住关键。突出重点就是在教材的重要部分，舍得花时间、下力气，让学生真正理解并掌握它。突破难点常用的方法有：①分散难点，逐个击破；②创设情境，联系实际，引导学生的思维由抽象到具体；③运用直观方法加强学生的感知；④对于容易混淆的内容采用对比的方法来区分各自的特点。教学内容不同，课的类型也就不同，因此要因材施教。

3.研究学生，了解学情，做到因人而教

学生不同，教法也就随之不同。所以我们一定要研究本班学生的特点，

从学生的生理、心理以及已有知识水平等方面客观、准确、深入地了解学生，然后针对本班学生的实际情况设计教学方式，而不能完全抄教案、下载教案。

4. 精心备课，不打无准备之仗

在吃透大纲、深钻教材、了解学情的基础上，编写教案就是教学设计的主要工作。要编写教案，先要弄清教案的格式和结构。

一般格式：课题、教学目标、教学重点、教学难点、教学方法、教具和学具准备、教学过程、板书设计。

教案可以是详案，也可以是简案，提倡教师写个性教案、实用教案。

## 二、教学艺术，是成功上好一堂课的关键

课前的精心预设只是上好课的基础，而课上得好不好，还要看教师的教学艺术。教学艺术与其他艺术有着共同的本质，否则就不能成为一门艺术；而教学艺术又是一门特殊的艺术，有着区别于其他艺术的不同特征。

### （一）数学美的特征

教学艺术也是一种追求美的活动，具有审美性，这是教学艺术的核心。教学艺术审美性的内容是丰富的，体现在教学的各个方面，具体来说，就是教学内容美、教学方法美以及教师的语言、板书、教态美等，同时还表现在教学中师生之间心与心的交流、情感的融洽、共同价值观等方面。一堂富有艺术魅力的好课，就像观赏一幅名画，心动神移，流连忘返；就像欣赏首名曲，余音在耳，袅袅不绝。

1. 抑扬顿挫——语言美

教师的语音语调应该给人以美感。我们要用亲切的语气，和蔼的教态，标准、简练、生动、饱含感情的语言，抑扬顿挫的讲解，赋有启发性的引导，吸引学生的注意力。

语言艺术是取得课堂教学成功的重要因素之一。课堂教学语言艺术重要性不亚于戏剧、影视中的语言艺术，在课堂教学过程中，知识信息的传递，师生之间的情感交流，对学生的熏陶，引导学生观察、思维、想象、探究

等活动，都必须借助教学语言。教师的教学语言主要是指一种专业的口头语言，这要求教师在运用语言的时候，首先，必须做到准确、清晰，如果语言不准确，会使学生茫然无解，无从回答；其次，要做到简洁、生动，有启发性，语言越简洁、越生动，学生就越容易接受，重复啰唆则会使学生心情烦躁，精神懈怠；最后，要有适当的幽默感，为活跃课堂气氛，我们可以使用名言、警句、比喻、夸张、歇后语等，使教学语言声情并茂。幽默感是教学语言中的调料，一个小小的调侃，会引来学生会心的笑声，笑声过后学生会学得更有劲。一些优秀的教师，一节课中话不多，总是给学生创造"说"的机会，而在适当的时候，自然地诙谐一下，这样，课堂气氛就活跃起来，充满了欢快与生机。

2. 亲切慈爱——体态美

巧用体态语，教师通过表情、眼神、头、手等肢体向学生传达老师的爱意、老师的关注。比如在提问学生的时候，教师要用赞许的眼神看着学生，微笑着请学生来回答问题，而不要用一根手指指着学生，用冷冰冰的语气说："你来！"或者三字称呼学生"某某某"。又如当学生举手的时候，教师要尽量用眼神跟学生交流，把头微微地点一点，让学生明白老师发现了他举手。这样的话，哪怕没有叫到他，他心里也会觉得老师已经关注了他。

3. 精炼简洁——板书美

①内容精炼，重点突出；

②语言准确，书写规范；

③条理清晰，布局合理；

④形式多样，启发思维；

⑤巧用彩色粉笔，赋有艺术性。

板书的主要内容：

①教材的内在逻辑结果；

②教学的重点难点；

③教学内容的补充。

板书的主要格式：

①提纲式；②词语式；③表格式；④结构式；⑤图示式。

4. 此起彼伏——内在美

美是有层次的。教师教学也是这样，有难有易，就像山脉，有高峰、有低谷，相互联系而又彼此区别。教师在熟悉教材的基础上，要对重点、难点逐一攻破，首先提出问题，把学生带入山重水复疑无路的境地，经过分析，问题得以解决，又给学生以柳暗花明又一村的感觉；紧接着，一波未平，一波又起，层层递进，在解决问题中不断发现新问题，寻求新思路求得新结果。重点突出，层次分明，这是又一种美。

5. 形式多样——课堂美

课堂教学应该有张有弛、富有节奏，使其全过程在和谐的气氛中进行。教师要巧妙地设计课堂，精讲精练，适当变换学习方式，让活动、游戏、魔术等进入课堂，既可消除疲劳，又能形成生动活泼的局面。教师要根据学生的年龄特征和个性特点创设情境，让情境激发学生学习的兴趣，使学生觉得数学有趣。

6. 回味无穷——趣味美

成功的教学，融科学性、思想性、趣味性于一体，能给人以知识启发，使人得以真、善、美的熏陶。教师应善于从学生熟悉的生活中挖掘数学素材，创设情境，并借助现代信息技术辅助教学，使学生学得有趣。

**（二）创造性的特征**

任何艺术都贵在创新，贵在独特，最忌模式化、脸谱化。教学艺术也是这样，这是教学艺术生命力之所在。

教学艺术的创造性，表现为教师走自己的路，形成自己独特的教学风格。

"教有百法，教无定法"。教学虽有一般的共同的规律可循，但运用这些规律则是千变万化的，各有各的"绝技"，别人的经验虽然可以借鉴，但是不能照抄、照搬，要有所创新，要走自己的路，逐渐形成自己独特的风格。教师的教学风格，绚丽多彩，独具一格。有的教师，语调亲切，具有亲和力，一开口就能把学生吸引住；有的风趣幽默，活泼谐趣；有的严而有格，基础扎实；有的声情并茂，通畅练达；有的言简意赅，重在点拨；有的则朴实清新，犹如甘露……教师风格的形成，是教师在教学中充分发挥创造性、走向成熟的标志。

教师在教学中传授的知识，是人类的已知，其本身是没有什么创造性的，但教师怎样才能激发学生自主探究、自主建模，实现知识的再创造，是最有创造性的。教师每上一节课就是一次创造性的劳动，一次艺术加工的过程。一堂课怎样开头、怎样形成高潮、怎样进行练习，都需要教师苦心经营，独具匠心，精心设计，甚至一句话怎样讲，才能打动学生的心弦，都要几经推敲。

### （三）情感性特征

任何艺术都是"以情感人"的。教学艺术也是富有情感的。只有道理的说教，而没有情感的感染，这种教学必然是苍白无力的、枯燥乏味的，其效果必然不佳。

教学艺术的情感特征主要表现在：教师把自己内心的情感融进相应的教学内容和教学过程中，用真实的、富有感染力的情感表现来激发学生的情感体验，引起他们的兴奋、愉悦的感受；把教育作用的触角深入到学生的心灵深处，实现心与心自然的交流、共鸣、撞击；以艺术的魅力，寓理于情，寓教于乐。

教学艺术的情感性，要求教师善于控制、调节自己的感情。有时教师要以奔放的热情、激昂的语调进行讲解；有时教师要喜怒不形于色，含蓄地传达感情，让缕缕情思像涓涓细流，流入学生的心田，"随风潜入夜，润物细无声"；有时如战鼓，有如"金戈铁马，气吞万里"，能鼓舞人的心志，培养"不怕艰难"的探究精神；有时如柔风，仿佛"三月杨柳似春风"，听之令人情驰神往，回味再三，使学生产生强烈的感情共鸣，从而进行情感、态度、价值观的教育。

教学艺术的情感性，还要求教师在教学过程中善于和学生进行情感的交流。师生就是在这种交流中，互相激励，获取信息，协调自己的行为，使教与学统一起来。

### （四）形象性特征

艺术是以形象的方式反映世界的。教学艺术也具有形象性的特征，因为学生不仅从概念，而且从形象这两方面来认识世界。也就是说，学生掌握世界既要运用抽象逻辑思维，又要运用具体形象思维。教师运用一定的物质材料，如语言、动作、表情、色彩、音乐、图像（包括文字、符号、图表、模型、实物、标本）等，作为传递信息的载体，把概念形态和理论形态的抽象本质赋予可以感知的形式，即抽象观念具体化、深奥理论形象化，不仅给学生提供赏心悦目的形象，而且有利于学生对教材生动地感知、深刻地理解、牢牢地记忆和灵活地运用，达到理性与感性相融合、相统一。

## 三、精彩导入，是成功上好一堂课的良好开端

精彩的导入会使学生产生浓厚的兴趣，并怀着一种期待、迫切的心情渴望新课的到来。导入常用的方法有：情境导入、悬念导入、衔接导入、实验导入、实例导入、典故导入、直接导入、游戏导入、比赛导入。

下面是教师运用情境导入教学的几个案例。

1. 创设故事情境，导入新课。根据教材的内容，自编一段故事，配上漂亮的挂图，创设一种情境，再进行一组富有启发性的提问，来导入新课；或者选取学生熟悉的素材，编述一段故事，让学生在故事中发现问题、提出问题，导入新课。如：某老师在教学"体积和体积单位"一节课时，用学生耳熟能详的故事《乌鸦喝水》导入，讲完后提问："为什么乌鸦在瓶子里放上石子就能喝着水了？"学生答："因为石子占了一定的空间，水就升高了。"教师顺势导入新课："今天我们就来学习与空间有关的知识——体积和体积单位。"这样引入新课，既简洁，又生动，很快就激发了学生学习新课的兴趣。

2. 创设悬念情境，导入新课。如在"对策问题"一课的导入中，教师通过设计这样的扑克游戏情境导入新课："你们愿不愿意和老师玩扑克？"之后，教师出示两副扑克，一副点数大一点（3、6、8），另一副点数小一点（2、4、7），让一位学生上台选择自己认为能赢的一副并先出牌，不管学生选择哪一副，教师都能赢。"老师为什么每次都能赢呢？"一语激起千层浪，学生想弄

清老师为什么总赢的欲望被激起。这时教师适时地导入新课："同学们想知道为什么吗？其实老师使用了一些对策，这节课我们就来学习对策问题。"这里就灵活地运用了情境导入和悬念导入。

3. 创设动画情境，导入新课。如在"角的认识"一课的导入中，教师通过动画创设两个精灵角比大小的情境，哪个角大？哪个角小？两个精灵各执一词，谁也说服不了谁。学生也出现了两种答案。教师抓住这一契机，顺势导入新课："刚才争吵的两个小精灵就是我们生活中的角，这节课我们通过自己的实践探究，发现藏在角身上的秘密。"

4. 创设问题情境，导入新课。如一位教师在上"搭一搭"一课时，创设了问题情境："同学们，宝物就藏在围墙里面的宫殿中，透过墙上的洞，只能看到宫殿的正面、右面和上面，宫殿是由四个正方体房间组成的，你们能利用手中的小正方体搭出宫殿的形状吗？"通过演示多媒体动画、播放录音的方式呈现问题背景，给学生提供探究问题的信息，将学生带入情境中，激发学生的学习动力。

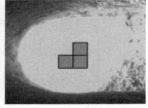

5. 创设游戏情境，导入新课。有位教师在上"可能性"时，创设游戏情境导入新课："同学们，石头剪刀布的游戏相信大家都会玩吧！下面我们就来玩石头剪刀布的游戏，决出班里的石头剪刀布之王。在玩以前，你们猜猜谁可能是冠军？（XX 同学）同学们的猜想可真多，现在我们就来验证一下我们猜测的结果。请听游戏规则。"（课件出示游戏规则）学生玩石头剪刀布的游戏，决出班里的石头剪刀布之王。教师小结："生活中，有些事情没发生我们不能确定它的结果，像刚才大家 PK 石头剪刀布，在没有 PK 之前，大家都不能确定谁会赢，我们把这种现象称为事情发生是不确定的，这就叫作可能性。今天我们就共同来研究可能性。"（板书课题：可能性）

## 四、科学设问，是成功上好一堂课的桥梁

科学设问既包括教师通过创设问题情境，让学生从情境中发现问题、提出问题、解决问题，也包括教师向学生提出问题。创设问题情境的策略有很多，比如借助信息技术创设生活中的问题情境，也可以借助现实生活创设问题情境，还可以通过活动创设问题情境等。教师可以创设生活型问题情境、过渡型问题情境、探究型问题情境、实践型问题情境、联想型问题情境、猜想型问题情境，等等。比如在教学"长方形的面积"时，教师通过创设熊大和熊二铺草坪的情境，让学生在情境中发现熊大铺的是长方形，熊二铺的是正方形，要比较它们谁铺的草坪面积大，就要找到求长方形面积的通用公式。"到底谁铺的面积大"这样的问题既来源于生活，又引导学生积极探究，学习新知。

而对学生的科学设问，教师要注意如下几点：

1. 设问直截了当。发问不绕圈子，干脆利落，条理清楚，主次分明，围绕问题，语言规范，概念准确，多用短句少用长句。

2. 发问巧妙。不按座次表发问，不按名册顺序发问，不要叫成绩好的发问，不专训差生发问。

3. 表述清晰。发问语言应简明易懂，问题尽量一遍清晰到位，不复述，以免养成学生不注意老师发问的习惯。

4. 态度自然。要充分相信学生能够回答。

5. 正确对待意外。对待意外回答冷静处理。

问题情境的创设要注意以下几点：

第一，创设问题情境要注意指向明确。我们在教学过程中一定要给学生以明确的指引，而不是让学生随心所欲。

例如：教学"6加几"时，教师通过出示主题图，问："同学们，你从这幅图中发现了什么？"上述问题情境缺乏定向性，学生不知道老师到底想问什么，所以学生的回答五花八门，都是跟教学的重点"6加几"无关的信息。

一年级学生提的问题往往是从简单的入手，有些学生会提出一些与数学无关的问题。究其原因在于此问题情境缺乏定向性。其实，当出示课件主题

图，教师提出"你从图中发现了哪些数学信息""你能提出哪些数学问题"等问题，这样的问题情境既具有宽泛性，又能培养学生对所收到的信息进行加工处理提升的能力，同时学生的回答具有针对性。

第二，创设问题情境要注意探索高效。我们组织学生开展小组活动，实践探究，要明白学生探究的目的是什么，要让学生知道做些什么。下面是一节失败的教学案例。

**【案例】"统计的初步知识"**

师：同学们，你们爱听故事吗？（生：爱听）那咱们先听个小故事。（播放故事录音）……动物园在举行运动会……（出示思考题：每种动物各来了多少只？）

师：请大家分组讨论每种动物来了几只。

学生进行合作交流。因为听故事以前老师没有提醒学生听故事的重点是解决什么，学生在听的时候都没有注意听每种动物有几只，而是把重点放在故事的情节上，以及谁赢了比赛，所以合作交流是没有效果的，学生为动物的只数争吵不休。到讨论结束，已经用了7分钟，但没有一组能够说出每种动物来了几只。

大家认为需要再听一遍录音，并且把它记录下来。当学生觉得第二遍播放太快记不下来时，教师组织学生合作交流。通过五六个学生的汇报补充，从而得出采用分工合作。每人记一种动物，用"正"字作为记录的符号。接着播放第三遍录音……（这时候已经用了17分钟）

**【评点】**

问题情境的创设应以学生需要的动机为中心，充分让他们探索，寻求解决问题的策略，让他们能主动、有效地参与学习，但仅仅强调主体发展的自发性，就会降低学习的效率。像这样导入新课的问题情境创设就要花17分钟，肯定削弱学生在数据整理、统计制表、分析数据、得出结论等重要环节的体验。对于这节课的导入，教师可以出示一幅情境图或者一段视频，让学生仔细观察，在出示以前告诉学生："同学们，动物园在举行运动会，比赛可激烈了，走，我们一起去看看，请同学们在看的时候注意观察，用自己喜欢的方法记下参加运动会的每种动物有几只，等会儿我们要进行交流，看谁记得又快又准。"这样，学生就会想办法用画圈、画正字等方法进行统计，在小组讨论交流的时候就能很快解决问题。

第三，创设问题情境要注意思维合适。我们要根据学生的年龄特征，对不同年龄段的学生提出不同的思维要求。

【案例】五年级"长方体和正方体的认识"

师：请同学们和老师一起拿出课前准备好的长方体模型，闭上眼睛摸一摸，睁开眼睛看一看、数一数，长方体有几个面？几条棱？有几个顶点？（学生按要求操作并回答）

【评点】

对于五年级的学生来说，利用案例中这样直观性的问题情境，会抑制学生思维能力的提升。在小学高年级空间与图形教学中，教师要逐步培养学生手中无物体、脑中想物体的良好习惯。如上例，教师应让学生闭着眼睛，在脑海中想象出一个熟悉的长方体物体，然后想象这个长方体物体有几个面、几条棱、几个顶点，如果想象不出来，可以睁开眼睛看看面前的长方体实物，看一看、数一数有几个面、几条棱、几个顶点。这样，学生的抽象思维能力才能得到培养。

## 五、组织教学，是成功上好一堂课的有力保证

什么是教学过程的本质？一般地说，教学过程的本质是一个特殊的认识过程。学生从不知到知，从不会到会，从知之较少到知之较多，从会之较少到会之较多，这是一个认识客观世界（间接浓缩在教材中）的过程。但是这一过程不同于一般的人类的认识过程，是一个特殊的认识过程。

组织课堂教学是最重要的，教师备的课再精彩，如果课堂教学组织得不好，课堂教学的效率肯定不会高。举个例子来说，有一位教师课备得很好，重点突出，难点突破，讲得抑扬顿挫，但没有很好地关注学生。学生自顾自地在玩、在说，课堂纪律很差。对于教师教的内容，学生也许只接受了三四成，甚至更少。而另一位教师可能比较年轻，讲得没有之前那位教师讲得那

么好，假如他讲的只是之前那位教师的七成，但他时刻关注学生，运用多种方法去调动学生的积极性。这样，学生对他所讲的内容也许就掌握了八九成，远远超过了之前那个班的学生。所以说教师是否善于组织教学是上好一堂课的关键。要组织好课堂教学，教师要转变自己的观念，关注每一位学生，让学生成为学习的主体，善于为学生创设学习情境，转变学生的学习方式，引导学生在做中学。同时要有一定的应变能力，当教学过程中学生的表现跟自己的预设发生冲突时要善于处理。

**（一）灵活应变，处理好教学生成与教学预设的关系**

教师要有驾驭课堂教学的能力及随机应变的机智。这就是说，当我们在教学过程中遇到种种意外的时候，我们要能及时根据教学情况选取教学方法，也就是处理好教学预设和教学生成之间的关系。

精心预设是上好一堂课的基础，我们教师通过预设课堂上可能会出现的各种情景，具备应付课堂上可能会出现种种意外的心理，才会游刃有余地进行教学。但是课堂教学是学生动态生成的过程，有的时候教学生成的发展变化与教学预设是一致的，这反映出教师对教学内容逻辑性的合理把握和教学对象认知状况的深入了解；更多时候，两者是有差异的，这反映出教学对象的差异性和教学过程的复杂性。"意外的情况"主要有两种类型：一种是客观突发事件，如教学环境的改变、教学参与主体的变数、教学场地的变化；一种是主观预设之外又是情理之中的"突发情况"，如学生的突发奇问、教师的"卡壳"现象。大部分"意外"属于后一种情况。对教师而言，当教学不再按照预设展开时，将面临严峻考验和艰难抉择，这需要教师既具有预设的目标意识，又具有生成的机智意识。

下面几个教学案例是我们在教学中处理教学预设和教学生成关系的不同方法，所收到的效果也是不同的。

1.追求生成，脱离预设目标

**【教学片段1】"认识乘法"**

执教者在上课一开始出示了像动画片一样的精彩画面"动物园的一角"。教师让学生观察画面并提出"你发现了什么"这一问题。学生观察后踊跃发言。

生1：我发现这儿真好玩！有小动物，有房子、大树、白云、河流、小桥。

生2：我发现小河的水还在不停地流动呢！

生3：我发现小河里还有鱼儿在游呢！

生4：我发现小兔们在开心地蹦跳着。

生5：我发现小鸡的头还在一动一动的，它们是在啄米，还是在啄虫子？

生6：我发现小桥上有两只小白兔，它们是要到桥这边来，还是要过桥去？

生7：那两座房子是小鸡的家，还是小兔的家？

生8：远处的白云在飘动着，好像在欢迎我们小朋友呢！

生9：我发现那座大房子门前有路通向小桥，而小房子门前却没有路。

至此，十分钟过去了，学生不断有新的发现，教师在肯定中不断提问"你还发现了什么"。学生还是没有在问题情境中感知"几个几"的生活现象。

本案例中，教师预设在情境中学生通过自己的观察归纳出"几个几"导入新知，但学生一直游离在教师的期望外，在教师耐心的等待中，这节数学课倒生成出"语文味"，疑似看图说话。我们在实施课前预设的过程中，虽然需要开放地融入弹性灵活的成分，适时调整预设，但一味追求生成也会导致教学的失控。当学生不能自行观察出"几个几"时，教师出面引导观察是必要的，而不应让学生说到哪里就是哪里，"生成"出离题万里、不必要的许多"麻烦"。作为教师，我们在提问时就应该注意数学味，问学生："从这幅图中，你发现哪些数学信息？""你想提哪些数学问题？"

2. 追究生成，回归预设

**【教学片段2】"美丽的花边"**（出示一条颜色鲜艳的花边）

师：欣赏这条花边，你觉得它有什么特点？

生1：我觉得花边的图案色彩搭配得很好，所以它们很美丽。

生2：我认为花边的颜色非常艳丽，带给我们美的享受。

师：同学们说得有道理，但是如果这些花边只是颜色鲜艳而形状、大小

不一，花边还会这么美吗？（随手出示一条花边）

生3：如果花边只是颜色鲜艳，形状、大小不一，就不美。

生4：我觉得前一条花边美丽的原因不仅仅是颜色，重要的是这条花边都是通过平移画出来的。

生5：平移的特点是图形不变形，所以前一条花边非常美丽，而第二条花边的图案显得有些凌乱。

师：好的。下面的花边你能接着往下画吗？怎样画但不涂色能使花边美丽？

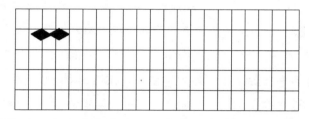

生1：我是利用平移画出花边的。我在图案中找到了4个关键点，把这些点平移，然后再把平移后的点连起来。

师：这个同学非常善于观察，能从图中找到重要的几个点。

在欣赏花边时，有部分学生认为鲜艳的颜色使得花边更美丽，"破坏"了教师的教学预设。显然，颜色带给学生的视觉冲击是很大的，但是"颜色"不是我们关注的内容。怎么因势利导，让学生将关注的视角转向图案的形状和大小上来呢？教师及时出示了第二条花边，并提出"如果这些花边只是颜色鲜艳，而形状、大小不一，花边还会这么美吗"这样的问题，巧妙地为学生"指点航向"，让课堂峰回路转，柳暗花明，同时让学生感悟到简捷地将一个图案进行平移的方法。

3.多维预设，灵活生成

例如：教学"分数乘分数"，当教师引导学生讨论"你认为分数乘分数该怎样计算"时，许多学生已经知道了"用分子相乘的积作分子，分母相乘的积作分母"的结论。这时，教师灵活地在"对未知的探索"与"对猜想的验证"这两种预设中选择"对猜想的验证"，并通过"算一算、数一数、比一比"的学习活动让学生验证自己的猜测。学生在此过程中不仅成功地建构了知识的意义，还经历了"发现问题—提出问题—验证猜想—形成结论"的解决问题的过程。

课前的多维预设为教学活动的展开设计了多种通道，这为教学的动态生成提供了广阔的空间。但课堂教学强调即时生成，由于种种原因，师生之间的思维及其方式存在着一定的差异，教师再周密、再详尽地预设也不可能完全替代学生的思维过程，所以我们除了在预设时要体现多维、灵活、开放特点外，还需要根据学情对原教学预设进行调整。

**（二）转变理念，让学生成为课堂的主人**

我们的课堂应该是师生互动、学生学习的主阵地，教师的满堂灌已经不再适应现代教育理念。许多教师经常会在课堂上按照自己的步骤认真评讲，却不给学生任何思考的时间和互动的空间。这样，哪怕教师讲得天花乱坠，唾沫乱飞，仍然有学生要么看小说，要么东张西望，有的看似很认真，实则"身在曹营心在汉"；有的精神不振，恹恹欲睡……对于这样的情况，说明我们的课堂不精彩，不能吸引学生，不能让学生感兴趣。所以作为课堂"组织者"的教师必须转变教学理念，从过去的"主体"转变成现在的"主导"，成为学生个性发展的指导者，把课堂交给学生，也就是把问的权利放给学生，把做的时间还给学生，把讲的机会让给学生，引导学生养成自主寻求知识、获得知识的习惯。教师一方面要"尊重""保护""关爱"每一位学生，另一方面又要"激励""发展"学生，想办法找学生的闪光点，让学生在课堂上体验到愉快，尝试到成功，享受到尊重。这样才能调动学生学习的积极性，真正实现"教师为主导，学生为主体"。

新课程呼唤学生主体地位的回归，倡导学生自主学习，但学生自主的必要条件是教师的指导，如果把学生的自主学习看成是学生的自由学习，课堂必然会呈现出无序、混乱的状态。这种一味强调学生的自主学习，忽略教师的指导作用的课堂教学是不可取的。笔者听了好些课，那些教师以为一节课热热闹闹就好，即使没有必要讨论的也在热烈地讨论，学生汇报的信息越多越好，不注意引导学生，结果课程最后教学重点都没有解决好。所以我们要注意，当学生成为学习的主体时，教师更应充分发挥组织者、引导者与参与者的作用，既不能拒学生的经验于教学之外，简单进行填鸭式的教学，也不能任由学生涂鸦，被学生牵着鼻子走，要处理好"学生自主"和"教师指导"的关系。

下面是三位教师对"年、月、日"的执教片段。

**【第一位教学】"年、月、日"**

在教师的精心引导下，学生开始了对年、月、日的认识：观察你手中的各种年历卡，数一数一年有几个月？得到：一年有 12 个月。那每个月各有几天？学生找到了：1月有31天、2月有28天……我们把一个月有31天的叫大月，30 天的叫小月。一年中有几个大月、几个小月？……就这样，在教师的引导下，学生掌握了年、月、日的关系，大月、小月、二月的区别，平年、闰年的判断等。

这位教师领着学生逐个发现年、月、日的相关知识。在教师亦步亦趋的引导下，学生掌握了新知，但是学生自主学习的能力却没有得到很好的培养。在本节课，学生被动地学习，一切都是以教师为主，长久以往，学生将缺乏探究精神和创新意识。

**【第 2 位教学】"年、月、日"**

课前学生通过多种方式研究了年、月、日，有观察日历、年历的，有阅读课本、课外资料的，也有请教家长、上网查询的……教师一改"传道者"的形象，和学生亲切交谈：同学们，我们自己想办法研究了年、月、日，你有了哪些收获呢？

学生展示的收获很丰富：一年有 12 个月；一首歌这么唱，"一年有 365 天"……你一言我一语，年、月、日的关系，大月、小月、二月的区别，平年、闰年的判断等，他们居然都有所涉及。除了书本知识之外，他们不断进行了课外拓展，但拓展离教学重点越来越远。

学生七嘴八舌，课本的、课外的，错误的、正确的，浅显的、深奥的，众多信息扑面而来，学生有些招架不住。而此时的教师因为学生的出色表现大为兴奋，只顾为学生的研究而喝彩。至于所有的信息呈现之后，如何来炒这盘"大杂烩"，教师显然准备不足，显得捉襟见肘。一堂课下来，学生究竟掌握了多少有价值的数学知识？从练习反馈情况看并不理想，反而没有第一次教学的班级学得扎实。

在这节课，教师放手让学生自主探究，但是教师没有筛选学生信息的能力，没有驾驭课堂的能力，特别是灵活应变的能力。当学生呈现出很多信息时，教师应指导学生进行梳理、进行取舍，及时引导学生进行新知的建模。

**【第 3 位教学】"年、月、日"**

这位教师也是让学生在课前自己想办法探究年、月、日。所不同的是，这位教师在教学中加强了自己指导调控的及时跟进。

生：我研究了今年 2005 年的年历卡，发现一年有 12 个月，有的月份有 30 天，有的月份有 31 天，2 月有 28 天。

教师引导 1：哪几个月是 31 天，哪几个月是 30 天？

生：1 月有 31 天，3 月有 31 天，4 月有 30 天……

生：我研究的是 2001 年和 2002 年的年历卡，结果和他一样。

教师引导 2：有不同吗？

生：我有不同的意见，我研究的是 2000 年的年历卡，2 月份有 29 天。

教师引导 3：是吗？给大家看看。（在实物投影仪上展示）这是为什么呢？

生：老师，我知道 2000 年是闰年，2002 年是平年。地球自转一周是一天，地球绕太阳公转一周是 365 天多一点，一年 365 天，4 年就多出来一天（师：大约一天），所以每 4 年才有一个闰年，我是看了《十万个为什么》才知道的。

生：我在课外书上看到，过去凡是单数的月份是大月，有 31 天；双数的月份是小月，有 30 天；2 月份少一天，有 29 天。后来有一个皇帝把自己出生的 8 月份也改成大月，并延续下来。所以现在 1 月、3 月、5 月、7 月、8 月、10 月、12 月这 7 个月是大月；4 月、6 月、9 月、11 月 4 个月是小月；2 月，平年有 28 天，闰年有 29 天。

教师引导 4：说得很好。2 月有 28 天的那一年是平年，2 月有 29 天的那一年是闰年。那 1997 年是平年还是闰年？你是怎么知道的？

生：1997 年是平年，因为 2000 年是闰年，4 年才有一个闰年，所以 1996 年是闰年，1997 年是平年。

教师评价：你用推算的方法得出 1997 年是平年，不错。同学们还有别的方法判定一年是平年还是闰年吗？

生：我有补充。我查找资料时还发现：公历年份是 4 的倍数的，一般都是闰年。我们只要把公历年份除以 4，没有余数的是闰年，有余数的是平年。1997 除以 4 有余数，所以是平年。

教师引导 5：你们同意他的说法吗？谁来举个例子说说？（学生举例略）

生：公历年份是整百数的必须是 400 的倍数，才是闰年。

教师引导：你能举个例子吗？

生：1900 年是 4 的倍数，但不是 400 的倍数，1900 年是平年。整百数的必须是 400 的倍数，1900 年是平年。

教师简要小结。

在这节课，教师能及时引导学生进行思考、总结；学生在积极探究、自主学习的过程中不断实现新知的建模。

我们教师要追求教与学的统一，首先要精心组织，在教学中给学生提供自主探索的空间，让他们主动参与、积极探究，充分表达自己的想法；其次要认真倾听，敏锐地判断学生认识的深度，发现学生理解上的偏差；再次要巧妙引导，通过关注学生的表现，从而果断地决定在何时、以何种方式介入，进行必要的、有效的指导。

### （三）巧于点拨，激发学生乐于学习

我们要把学习的主动权交给学生，但不是说我们就远离课堂，做甩手掌柜，而是密切关注学生，适时进行点拨，不仅在知识上进行点拨，在探究活动上也要点拨。通过点拨，学生"进入角色"；通过点拨，激起学生欲罢不能的求知的欲望。什么是点拨呢？以油灯为例，当火光微弱时，一经点拨，顿时放出耀眼的光芒。灯芯还是那根灯芯，灯油还是那么多灯油，这就是点拨的作用。

学生在智力活动上需要教师的点拨，在非智力活动上也需要点拨。在一定意义上，教学艺术就是这种"点拨"之功，有了这种点拨，学生的智力活动与非智力活动都会燃起熊熊的火炬。

有人说，教学的任务不是"填满罐子"，而是"点燃火炬"。"填满罐子"是把学生当作被动的容器，教师极力把课本上的材料倾注给他们。这种"注入式"的"满堂灌"尽管早已受到批评，但迄今为止，仍然充斥着我们的课堂，相当普遍。不"填满罐子"，教师的教学任务是什么呢？"点燃火炬"，点燃学生智力因素和非智力因素的火炬，这是我们上好一节课的方向。

这样，教师的艺术是"点燃火炬"，从两个方面去点燃：智力因素和非智力因素。一节好课要达到使学生精神振奋、思维活跃、享受学会的喜悦，养成"会学"的能力习惯，"教学艺术—点燃火炬—实现教学的最佳效果"，就成了教学的一种模式，点燃智力因素与非智力因素的"火炬"，就成了联结教学艺术与教学效果的桥梁。教学艺术何以转化为教学效果呢？请启动学生智力活动和非智力活动的阀门吧！从"填满罐子"到"点燃火炬"，是两种教学观的反映，我们作为教师，要善于点拨，点燃火炬。

1. 点拨时机要准

（1）学生困惑不解时要点拨

例如：一个长方体木块，长2分米，沿横截面切成大小相等的两块，表面积增加0.5平方分米，求这个长方体木块的体积。乍一看题，学生无从下手，情绪低落。于是，教师提示学生画图。学生画着，讨论着，探索着，似乎明白了什么，但还是有些迷茫。教师灵机一动，顺手拿起两个粉笔盒拼上，又掰开，然后把拼在一起的两个面对着学生。学生茅塞顿开：增加的表面积就是两个横截面的面积。

（2）学生似懂非懂时要点拨

例如：解答有关购物的实际问题时，不少学生都把答句写成"一共用了多少钱"。尽管有一部分学生知道这种表达不正确，但想把错误的本质说清楚却并不容易。此时，教师列举一些例子，如：问用了多少钱，我们就说18

钱；问用了多少时间，我们就说 18 时间；问小红有多重，我们就说 18 重……学生哄堂大笑，在笑声中理解了上述错误的本质。

（3）学生解题失误时要点拨

例如：教学"分数应用题"后，教师有意设计练习"一根绳子 12 米，第一次剪下 $\frac{1}{4}$，第二次剪下 $\frac{1}{3}$ 米，还剩下多少米？"有部分学生列式 12×（1- $\frac{1}{4}$ - $\frac{1}{3}$ ）。教师及时引导："想一想， $\frac{1}{4}$ 和 $\frac{1}{4}$ 米、 $\frac{1}{3}$ 和 $\frac{1}{3}$ 米相同吗？"这样的引导，引起了学生的注意和思考。

2. 点拨方法要巧

（1）追究算理。一些学生的解题方法比较独特和创新，此时，教师应该通过追问，让其他学生引起注意，主动追究这种方法的道理。

例如：用简便方法计算 213+59，学生得出了多种解法：210+59+3；200+59+13；213+50+9；213+60-1。经过讨论、比较、分析，学生都认为第四种算法最简便。但计算加法为什么要减 1，部分学生并不明白。教师这时追问："把 59 看作 60 后多加了几？要是结果不变该怎么办？"这样，学生很快就明白了其中的道理。

（2）无声提示。在学生困惑时，教师并不一定直接用语言来点拨，有时还可以用手势、目光、表情、演示、板书等做无声的提示。

例如：教学"三角形认识"，教师问："三角形是一个什么样的图形？"学生回答："有三条边的图形是三角形。"教师随手画了一个有三条边但没有围成的图形，学生便知道错了。

（3）直观展示。有一部分数学知识比较抽象，常常导致学生理解困难。如果教师巧妙地采取动画演示或请学生表演等方式，能使抽象的知识变得直观形象，更利于学生接受。

3. 点拨分寸要妙

学生的思维就像琴弦，拨的轻重不同，效果完全不同，适当的力度会拨出美妙的音乐，反之会发出噪音。我们一定要把握点拨的分寸。

例如：教学"能化成有限小数的分数的特征"，通过初步引导，学生已经明白其关键在于分母。但很奇怪，说分母是奇数吧，$\frac{1}{9}$不能化成有限小数；说分母是偶数吧，$\frac{1}{5}$却能化成有限小数……学生屡屡碰壁。这时教师启发学生："你们试着把分数的分母分解质因数，看能不能发现规律？"学生一下子便找到了思维的突破口。当学生初步找到规律之后，教师又出示$\frac{7}{35}$和$\frac{5}{35}$，让学生判断，从而激起矛盾：为什么分母都是 35，它们的质因数相同，化成的小数却有两种不同的情况呢？学生重新陷入思考，对分数化成有限小数的规律掌握得更好了。

### 六、课堂小结，是成功上好一堂课的完美结局

怎样结束一堂新课是值得重视的，很多教师不注重结课，上课讲到哪儿算哪儿，匆匆收场，虎头蛇尾，影响了教学效果。其实一堂好课除了开头和过程精彩之外，结尾也是一个不可小视的环节。明代文学家谢榛说得好："起句当如爆竹，骤响易彻；结句当如撞钟，清音如余。"的确，好的结课如曲终时留下袅袅不尽的余音。因此，我们必须精心设计好结课，使学生产生余兴未消，意犹未尽之感。结课常用小结、课外实践和作业布置、学生自评和互评等方式。完美的结束不仅保证课堂教学结构的完整，也能令人回味无穷，流连忘返，达到"剧终情不终"的艺术效果。一句话，课堂结局像喜剧般的完美。

# 第三章　小学数学谐趣教学的思考

　　"谐趣教学"是指教师根据学生年龄特征和个性特点，以信息技术为载体，构建合作学习小组，整合多种教学策略，融合研究性学习和个性化教学的聚焦个性、灵动谐趣的教学。"谐趣教学"的核心是聚焦个性，灵动谐趣，让学生在正确的价值观指引下进行个性化的学习，促进学生人格健康和谐发展，进而实现立德树人的目标。

# 第一节　常用的教学方法

小学数学教学方法指为达到小学数学教学目的，在教学原则的指导下进行的师生相互作用的教学方式。它不仅反映了教与学的相互作用关系，而且是为实现教学目的而实施的有规则的活动方式。

我们在课堂教学中，要根据教学内容及学生的具体情况选取多种教学方法。所选取的必须是学生喜欢且能够帮助教师提高教学效率的方法。教学方法有很多，比较常用的教学方法有哪些呢？一般有下列几种方法：

## 一、讲授法

讲授法源于赫尔巴特的四段教学法，在我国广为流行，很多教师在教学中自觉不自觉地都用这种方法教学。该模式以传授系统知识、培养基本技能为目标。其着眼点在于充分挖掘人的记忆力、推理能力以及发挥间接经验在掌握知识方面的作用，使学生比较快速有效地掌握更多的信息量。该模式强调教师的指导作用，认为知识是由教师到学生的一种单向传递的方式，非常注重教师的权威性。

优点：学生能在短时间内接受大量的信息；能够培养学生的自律能力；能够培养学生的抽象思维能力。

缺点：学生对接收的信息很难真正地理解；培养单一化、模式化的人格；不利于学生创新性发展；不利于培养学生的创新思维和解决实际问题的能力。

在运用这种模式时的建议：

在介绍讲解性的内容上运用比较有效，或者讲解难题时候比较适合，当期望学生在短时间掌握一定的知识去应试时比较可行，但教师不可在任何教学内容上都运用这种模式，长此以往必然造成一种"满堂灌"的教学模式，非常不利于学生的发展，从而培养出一大批没有思想与主见的高分低能者，同时经常进行枯燥的讲解会使学生觉得无聊，丧失学习兴趣。

"听见了，但可能忘掉；看见了，可能记住；做过了就真正理解"，所以我们要引导学生在"做中学",引导学生通过讨论、观察、实践、猜想、验证、推理等方式自由地、开放地去探究、去发现、去"再创造"数学问题,从而亲历数学学习过程。

## 二、发现法

发现法是由美国著名教育家、认知心理学家布鲁纳在50年代至60年代初所倡导的一种教学方法。重点在于学生亲自体验学习过程,其侧重于学生的探索过程,即让每个学生亲历探究过程,根据自己的亲身体验,通过观察、实验、猜想、验证、推理等方式自由地、开放地去探究、发现、再创造及解决数学问题。在这个过程中,学生不仅获得了必要的数学知识和技能,而且对数学知识的形成过程有所了解,特别是体验和学习数学的思考方法和数学的价值。

布鲁纳认为发现法有四个优点:

(1)提高学生对知识的保持度。

(2)教学中提供了便于学生解决问题的信息,可增加学生的智慧潜能。

(3)通过发现可以激励学生的内在动机,引发其对知识的兴趣。

(4)学生获得了解决问题的技能。

实施建议:

发现法主要是使学生成为知识的发现者,培养学生的发现性思维。所以应发挥教学的评价功能,重在激励学生主动发现问题,大胆进行探索,让学生主动参与问题的提出,参与探索发现的全过程,参与知识的再创造。发现法经常与问题探究法一起使用,主要程序如下:

(1)创设问题的情境,使学生在熟悉有趣的情境中产生矛盾,提出要求解决或必须解决的问题。

(2)学生提出解决问题的假设路径。

(3)学生进行实践操作、大胆探究、合作交流,发现解决问题的方法,检验自己的假设,实现新知的建模。

(4)进行反思总结。根据所发现的内容,进行拓展验证,提炼适合同种类型的解决方法，运用新知识解决生活中的数学问题。

## 三、探究式教学法

探究式教学法以问题解决为中心，注重学生的实践活动，着眼于学生思维能力的培养。依据皮亚杰和布鲁纳的主张，注重学生的前认知，注重体验式学习，注重培养学生的探究能力和思维能力。

优点：能够培养学创新能力和思维能力，能够培养学生的民主与合作的精神，能够培养学生自主学习的能力。

实施建议：

在探究活动前，教师要明确学生的探究目的，并给以方法的指导，在探究性教学中教师一定要以生为本，创设一个宽容、民主、平等的教学环境，让学生通过自己的实践探究去发现规律，解决问题。教师要对那些打破常规的学生予以一定的鼓励，教师要以引导为主，切不可轻易告知学生探究的结果。

## 四、自学辅导法

自学辅导法是中国科学院心理研究所卢仲衡教授在主持的"中学数学自学辅导实验"中所采用的教学方法。这种方法的基本思想对于小学数学教学也同样适用，比如现在采用的"课堂前置性学习"就是属于这一种方法，即让学生在课前根据学习单进行前置性学习，不明白的可以看微课视频，比较难的可以带到课堂上解决。

优点：能够培养学生分析问题、解决问题的能力；有利于教师因材施教；能发挥学生的自主性和创造性；有利于培养学生相互合作的精神。

缺点：学生如果对自学内容不感兴趣，可能在前置性学习中一无所获；需要较长时间的学习过程；需要教师非常敏锐地观察学生的学习情况，必要时进行启发和调动学生的学习热情，针对不同学生进行讲解和教学。

实施建议：

所选内容难度适中，学生比较感兴趣，且通过自主学习可以解决部分或全部问题。教师可以将重点、难点录制成微课，便于学生自学，当学生有不明白的地方可以通过观看微课进行释疑解惑。

## 五、合作学习法

合作学习法是一种通过小组形式组织学生进行学习的策略。小组取得的成绩与个体的表现是紧密联系的。约翰逊认为合作式学习必须具备五大要素：①个体积极地相互依靠；②个体有直接的交流；③个体必须都掌握给小组的材料；④个体具备协作技巧；⑤群体策略。合作学习法有利于发展学生个体思维能力，增强学生之间的沟通和包容，还能培养学生的团队精神，提高学生的学业成绩。

实施建议：在小学数学教学中，为了提高学生合作学习的效果，一个合作学习小组以 4 至 6 人为宜，并且在一个小组中注意各层次学生的优化组合，优劣互补，相互促进。要使合作学习更加有效，还要注意培养学生良好的学习习惯。选一名学生任组长，组内成员开展合作学习时，要分工合作，充分发挥组长的辅导作用。在小组合作之后，展开组际之间的学习竞争与合作，以求得全体学生的共同发展。开展小组合作学习要做好如下三点：

（1）组建小组。以邻座 4 至 6 人为一组，按照互补原则组建学习小组，要求各小组成员学会倾听，形成集体荣誉感，形成"互动、互助、互勉、互进"的局面。

（2）明确目标。给每一次小组活动确定明确的目标，让学生在目标指引下开展质疑探究、辨析总结等活动。

（3）保证时间。每一次小组活动都要有充足的时间进行，让学生充分参与小组的探究、讨论活动，从而有效构建新知。

## 六、尝试教学法

尝试教学法是小学数学教学方法中一种影响比较大的教学方法。它是一种具有中国特色的教学方法。这种方法的关键是在教学过程中，不是先由教师讲，而是让学生在旧知识的基础上先来尝试练习，在尝试的过程中指导学生自学课本，引导学生讨论。在此基础上，教师进行有针对性的讲解。这种教学方法与自学辅导法相类似。

## 七、概念获得法

概念获得法的目标是使学生通过体验所学概念的形成过程来培养他们的思维能力。该方法主要反映了认知心理学的观点，强调学习是认知结构的组织与重组。

优点：

能够培养学生的归纳和演绎能力；能够形成比较清晰的概念；能够培养学生严谨的逻辑推理能力。

除以上方法外还有讨论法、演示法、启发谈话法、比较法、练习法，这里就不再一一讲述。

为了使教学方法发挥其最完美的效用，教师要从实际出发，合理选用，有时同一节课要整合多种教学方法。因为每一种教学方法都有其各自的特点和适用范围，所谓的"万能教学方法"是不存在的。每一种教学方法均有其长处，正所谓"教学有法，但无定法，贵在得法"。

**案例：（二年级数学上册 角的认识）**

师：同学们，新的一周开始了，我们的校园里很早就热闹起来了，（出示课件）看，操场上到处生机勃勃。同学们，你们看到了什么？

生1：有的学生在跳绳，有的在做早操。

生2：有一位老师正在拿着三角板上课……

师：做操的学生伸开两臂形成了这样的图形（课件演示角），老师的三角板是这样的图形（课件演示角），你们认识它们吗？这就是我们这节课要认识的角。（板书题目）

该段案例中，教师首先运用了演示法（教师用各种教具、实物将教学内容以生动、形象的方式展示给学生。演示法是使学生获得知识的一种教学方法，是小学数学教学中最常用、最重要的教学方法之一），出示课件引起学生的兴趣，紧接着又运用启发谈话法（教师根据学生已有的认知结构设疑启发学生，并通过对话方式探讨新知识，得出新结论，从而使学生获得知识的一种教学方法）拉近了和学生之间的距离。在一堂课的开始先运用这两种教学方法无疑比直接运用讲解法（教师在课堂上运用口头语言，辅以表情姿态，向学生传授知识，输送信息的一种教学方法。）气氛要活跃，效果要好。

　　教师要根据学生的年龄特征和个性特点，深度融合现代信息技术，创设情境，选取最适合学生的教学方法，灵活机动地进行整合，激发学生学习兴趣，让学生在正确的价值观指引下开展个性化的学习，进而促进学生人格健康和谐发展。

# 第二节 有效教学的核心：谐趣

教育家苏霍姆林斯基曾经说过："如果学生在掌握知识的道路上，没有迈出哪怕是小小的一步，那对他来说，这是一堂无益的课。无效的劳动是每个教师和学生都面临的最大的潜在危险。"所以，我们要实施有效教学。课堂上教学氛围和谐，教师教学诙谐有趣，学生学得津津有味，学得高效，这样的教学就是有效教学。有效教学的核心就是谐趣。

## 一、什么是有效教学

"有效教学"指在有效的课堂教学时间中，学生在知识学习、能力形成和情感体验上获得一定的发展。

它主要包含三个指标：

第一个指标是学习效果，指学生对四维教学目标的达成度要高。这是有效性的核心指标，每节课都应该让学生有实实在在的学习收获，它表现为：从不懂到懂、从少知到多知、从不会到会、从不能到能的变化和提高。学习效果不仅表现在知识和技能上，而且表现在智能上，特别是学习方法的掌握以及思维方式的发展上。

第二个指标就是学习体验，指在实现这种目标达成度的过程中，学生应主动参与并积极思考。在学习过程中学生以什么样的状态（是生气勃勃、喜气洋洋、其乐融融，还是愁眉苦脸、冷漠呆滞）进行学习，效果是很不一样的。如果学生不想学或者学了没有收获，即使教师教得再辛苦也是无效教学。同样如果学生学得很辛苦，但没有得到应有的发展，也是无效或低效教学。

第三个指标就是学习效率，学生学习特定内容所花费的时间越少，说明学习效率越高。

## 二、什么是谐趣教学

"谐"是指师生和谐融洽，学生和谐发展，"趣"是指有趣。"谐趣教学"

是指教师根据学生年龄特征和个性特点，以信息技术为载体，构建合作学习小组，整合多种教学策略，融合研究性学习和个性化教学的聚焦个性、灵动谐趣的教学。"谐趣教学"的核心是聚焦个性，灵动谐趣，落实数学核心素养，让学生在正确的价值观指引下进行个性化的学习，促进学生人格健康和谐发展，进而实现立德树人的目标。

## 三、谐趣教学模式

### （一）谐趣教学的实施过程

1. 情境导入，激发兴趣。在这一环节根据不同的年段，创设适合学生年龄特征的有效情景，调动学生的学习积极性。情景的创设包括巧用教学资源情景、生活情景、故事情境、谜语情景、魔术情境，运用信息技术创设动画情景，开展游戏活动、比赛活动等，激起学生的探究兴趣。

2. 研究新知，解决问题。这一环节可根据不同年级和知识，选用下面的模式开展研究性学习。

（1）交流课前小研究，发现存在的问题，引起思维的碰撞。开展实践操作，解决疑点，形成体验，交流汇报。教师点拨重点、难点、疑点。

（2）通过创设情境，发现数学问题。开展小组合作研究，寻找解决问题的方法，学生交流，汇报总结，教师点拨。

（3）借助微课视频，实施分层教学。根据学生注意力集中时间较短的特征，把最重要的知识点、学生最难掌握的知识点制成微课视频，学生在探究新知时可以有选择地观看。学生通过讨论后仍不能掌握时，可以打开微课视频，针对重点、难点反复观看。这样的学习应细化到各学习小组甚至个人。

3. 学以致用，分层练习。这一环节，包含以下三个方面：

（1）穿插简短的游戏进行巩固练习，一方面调节学习氛围，另一方面，通过游戏调动学生的学习积极性。

（2）借助信息技术，出示生活中的情境，引导学生从情境中发现问题，并用所学的知识解决问题。

（3）运用信息技术，设计分层练习。针对不同的学生设计不同层次的问题，鼓励优秀生拓展思维，解决开放的、较难的问题；鼓励中层生在完成中等题型的同时尝试解决较难的问题；让后进生完成基础类型的同时，尝试完成中等的题型，甚至解决较难的问题。当学生在解决问题的过程中发现仍没有掌握的知识，则打开微课视频，重新学习新知，直至掌握，然后再尝试解决问题。

4.反思总结，多元评价。这一环节引导学生归纳总结，及时反馈，质疑问难，最后实施多元评价。

5.拓展延伸，精设作业。应根据不同的内容设计不同类型的作业：

（1）口头型作业：即说说讲讲的作业，可以让家长当"学生"，孩子当"老师"。具体做法是让学生每天回家给家长讲数学的解题思路。

（2）分层型作业：对基础较差的学生只留教材中的基本题；对基础较好的学生、学有余力的学生增加一些难度较大的题，如教材中的星号题、思考题、多解题等，开发智力，培养创新精神。

（3）实践型作业：实践型作业打破传统的静态、单面模式，强调学生尝试、亲历、实践。

（4）研究型作业：强调学生在家里通过实验研究发现更深层次的知识。

（5）预习新知型作业：通过设计课前小研究作业，引导学生研究新知，不懂的看微课视频，再不明白的带到课堂解决。

**（二）构建了谐趣教学模式**

我们通过研究，探索出适合小学生年龄特征的低、中、高年级谐趣教学模式，该教学模式是在深度融合信息技术的基础上，聚焦个性，凸显谐趣，灵动教学。

(1) 低年级谐趣教学模式

前置学习（微课、微答疑释疑）→创设情境（故事、游戏、动画）→合作探究（师生）→引导建构（师生）→游戏放松→趣味练习（智慧课堂）→总结评价→拓展延伸（口头型）

（2）中年级谐趣教学模式

前置学习（微课、微答疑释疑）→创设情境（动画、问题、生活）→发现问题→合作探究（生生）→解决问题→建构新知→归纳总结→运动放松→学以致用（巩固）→评价反思→拓展延伸（分层型、实践型）

（3）高年级谐趣教学模式

自学生疑（微课、微答疑释疑）→创设情境（比赛、生活）→合作探究（生生）→释疑明理（微课）→概括总结→学以致用（再创造）→评价体验→拓展延伸（探究型、创新型）

聚焦个性，谐趣教学，突破了过去一刀切的现状，根据学生的年龄特征、个性特点对教学的基本模式进行应变与创新，从而构建信息技术支持下的小学数学个性化教学模式，该教学模式的核心是"聚焦个性，凸显谐趣，灵动教学"。教师既可以借助信息技术创设直观、形象、生动、新奇的形式进行教学，使学生学得有趣，也可以借助微课视频实现教学的前置和后延。学生可以亲身感悟，可以小组合作、相互辅导，也可以借助互联网实现个性化学习。

# 第三节　谐趣教学的策略

以"互联网+"为代表的科学迅猛发展，使得当今社会步入"互联网+"时代。"互联网+"给教育带来巨大变化，不断更新教育理念，创新教育模式，优化教育评价。教育部也强调"促进信息技术与教育教学的深度融合"，其核心理念是强调让信息技术为教学过程服务，鼓励教师利用信息技术开展教学创新，支持学生个性化学习探索，让教师教学更有效果，学生学习更有效率。因此，在当今"互联网+"的时代，我们应转变小学数学教学方式，与现代信息技术深度融合，实施谐趣教学。谐趣教学的策略是"聚焦个性，灵动谐趣"。

## 一、个性化教学

### （一）个性化教学的内涵

"个性化教学"越来越成为我国基础教育改革和实践方面的热点问题，在理论研究和实践方面已取得了一些成就：如邓志伟编著了《个性化教学论》，广大一线教师也基本接受了个性化教学理念，并在实践中积极探索使用。关于个性化教学的概念，李如密教授认为："个性化教学是教师以个性化的教学为手段，满足学生个性化的学，并促进个体人格健康发展的教学活动。"这一定义概括了个性化教学的基本内涵，但缺少对人们在实际操作中的具体指导。以下这个定义正好补充了这一点：个性化教学就是尊重学生个性的教学，必须根据每个学生的个性、兴趣、特长、需要进行施教，亦即学生需要什么，教师便给予什么，学生完全是一种自主性的学习。将上述两个定义相结合，即为个性化教学较全面的定义。

### （二）影响个性化教学的因素

1. 学生因素

一是学生的角色定位。传统的教学模式强调教师是课堂的主体，占据着主导地位，而学生的主要任务就是被动地听讲，记笔记，做练习。长此以往，很大一部分学生养成了完全依赖老师的习惯，学生缺乏积极性、主动性，势必影响个性化教学的实施。

二是学习动机与学习兴趣。学习动机是激发学生自主学习的直接动力和内部动力，它对学生的学习活动有着重要的影响，它影响着学生学习的进程以及结果。学习兴趣是学生学习态度的一个重要方面，是学生对所学内容的一种喜好的情感。学生对所学知识是否感兴趣，对教学活动是否感兴趣，这些都直接影响着学生的学习情绪和效果。

三是学生的学习方法。学习策略与方法是个性化学习的重要组成部分，只有高效地运用学习策略和方法才能称得上是个性化学习。学生的学习效果直接受学生学习策略和方法的影响，学生的学习策略和方法直接影响着个性化教学的实施，而且影响着学生自主学习能力的培养。

2. 教师的因素

一是教学观念。教学观念对教学行为起着重要的指导作用，有怎样的教学观念就会产生怎样的教学行为。由于各种原因，现在很多中小学教师还保持着传统的应试教学观念，认为那些循规蹈矩，考试拿高分的学生是好学生，对那些有独特见解，点子多的学生不以为然，甚至压制他们的创造性。

二是教师的自身素质。教师作为教学的关键因素，其自身素质对学生的学习效果、教学质量的提高、个性化教学的开展有着重要的影响。所以，中小学教师应注意提高自身的整体素质，不仅要具备传统意义的专业能力，还要对专业能力进行扩展，不断实现自我提升。

3. 评价体系

在新课程改革推进过程中，各教育主管部门和学校开始重视课堂教学评价，并积累了诸多经验。然而，客观事实告诉我们中小学的课堂评价还存在着不少的问题，如过分注重结论性评价，而忽视过程性评价；评价手段过于单一；忽略对学生思维能力和创造能力的评价。

（三）实施个性化教学的策略

1. 转变教学观念。要想实行个性化教学，首先要改变传统的教学观念，摒弃以往的应试教育思想，树立培养学生全面发展和个性化教学观念。具体来讲，教师要实现两个转变：就教学目标而言，从原来的单一目标向知识与技能，过程与方法，情感、态度、价值观三维目标相统一转变；就教学主体而言，要以教师为主向学生为主转变。在具体教学过程中，教师不仅要传授具体知识，还要培养学生主动获取知识的能力；不仅要确定学生的主体地位，还要兼顾学生的情感、个性、智力的需求，更要明确自己的主导地位。

2. 提升教师的自身素质。要实施个性化教学，必须全面提高教师素质。首先，教师个人要制订专业发展的计划，努力学习系统的专业学科知识，掌握所教学科的基本理论和基本知识；主动培养自身专业能力，包括沟通表达能力、人际关系能力、获取信息能力、自学能力、个案分析能力、创新思维能力等；最后，教师要树立正确的职业价值观，增强职业责任感，提高教书育人的工作积极性，热爱学生，乐于教学。教师综合素质的提高固然最终要依靠教师自身的努力，但学校管理者必须高度重视如何提高教师综合素质的工作。学校可以通过开展校本教研，实施"请进来，走出去"，进行业务培训，引导课题实验，实施科研促教，让教师朝着"一专多能"的方向发展，成为现代型、复合型的教师。

3. 实施多样的教学形式。要实施个性化的教学，应根据不同的教学内容、不同的教学环节和不同的学生，寻找适应学生个性差异的不同教学形式，让学生在不同形式的教学中自主学习，大胆探究，提高学习效率。例如，大胆让学生成为课堂的主宰，变传统"教为主"的教师表演方式为"学为主"的学生合作学习方式，充分发挥学生"小老师"的作用，教师针对不同年龄段的学生创设故事、游戏、谜语、问题、猜想、比赛等情境，激发学生的学习兴趣，调动学生的学习积极性。

4. 运用现代的教学手段。以互联网为代表的科学迅猛发展，使得当今社会步入"互联网+"时代。教育部也强调"促进信息技术与教育教学的深度合作"，其核心理念是强调让信息技术为教学过程服务，鼓励教师利用信息技术开展教学创新，支持学生个性化学习探索，让教师教学更有效果，学生学习更有效率。所以，中小学教师在教学中必须适时引入现代化教学手段，以顺应个性化教学的需求。

一是借助现代信息技术，激发学生的学习兴趣，借助现代信息技术处理文本、声音、图形等，使静态的景象变成动画，充分创造出一个有声有色，生动形象的教学情景，实现视听结合，手眼并用，在这种情境下，极大地调动了学生的学习积极性，收到了良好的效果。

二是借助互联网和教育平台，丰富师生学习资源，借助现代信息技术和教育平台资源，提高教师的教学能力，实现分层教学，分层布置作业和测评，让不同的学生有不同的收获。

三是借助微课视频，实现课堂教学的前置与延伸，针对某一重点、难点，制作"微课"视频，学生可以根据自己对重要知识点的掌握情况，有选择地观看"微课"视频。那些对知识点"吃不消"的学生可以借助"微课"在家重温知识点，而"吃不饱"的学生则可以提前学习。如此一来，教学的适时前置和后延既有利于提高学生的学习兴趣，也让学生由知识的被动接受者变为主动学习者。

5. 构建多维的教学评价体系。个性化教学的实现要有相应的个性化评价体系去引导方向、激励改革、交流经验。为此，要构建促进师生全面发展的个性化教学评价，针对学习过程的表现对每一个个体进行不同的评价，实现评价内容全面性、评价标准阶梯性和评价主体多元性。

一是关注学生的学习过程，实施个性评价。在实施个性化教学的过程中，面对个性不同的学生，面对每一个学生在成长中每一天的新变化，我们的评价要具体化、个性化，要充分关注学生的学习过程，让每一个学生都能获得不同的发展。

二是关注学生学习情感，运用激励评价。优化评价手段，走进学生的心灵，关注学生的学习情感，让每次评价都成为师生交流情感的机会，使每一个学生都能体验到理解、信任、关心、尊重和鼓励。

三是关注学生学习方法，开展多元评价。我们要关注学生的学习方法，引导学生通过自评和互评，反思学习过程和方法，找出自身的长处和不足，从而不断改进，不断提高。

**（四）个性化教学的特点**

1. 教学目标有差异。结合教学的实际情况，对不同类型、不同年龄的学生设立的不同的知识目标、能力目标和情感目标进行评价，给每个学生架设成功的阶梯。

2. 教学方法重个性。根据学生的基础和学习能力等，组建学习小组，实现小组学习，开展同伴互助。对优秀生"以放为主，放中有扶，着重自学"，对学困生"以扶为主，扶中有放，着重辅导"。借助智慧课堂、微课视频，让学生根据自己的实际情况选取学习资源，实现个性化学习。除此之外，引导学生亲历探究、建模的过程，尽情在生活情境中发现问题、解决问题，尽量让学生在活动中学习，在体验中成功。

3. 教学时空延伸性。微课可以使课前的研究学习、课中的释疑学习和课后的针对练习高效开展。学生可以根据自己的实际情况进行选择性学习，优秀生根据微课视频提前预习、拓展学习，而学困生可以根据微课视频反复学习，实现了教学的前置和后延。借助互联网，学生的学习可以随时随地进行，拓宽了学习的时空。

4. 练习设计差异性。练习是强化知识和技能的有效方式，是数学学习的必要环节。因学生存在着差异性，一方面教师在练习时根据学生的实际情况来设置不同层次的练习，另一方面，"互联网+"让学生根据自己的需要主动地进行练习，练习的深度和强度可以因人而异，有效地激发了学生的学习积极性。

5. 教学资源针对性。"互联网+"丰富了教学资源，让学生从丰富的资源库里选取自己需要的资源，这样选取的资源是有针对性的，是最适合学生个性的，学生的学习积极性得到激发，创新思维得到培养。

## 二、灵动谐趣教学

为了有效开展适合学生个性特点的教学，我们要进行创新，整合情境创设、实践操作、探究学习、合作学习、数学生活化等教学策略，并根据学生的年龄特征和个性特点灵动地应用在教学中，使学生学得有趣，和谐发展，实现立德树人的目标。

**（一）情境创设**

1. 创设问题情境，让学生学会思考

如，教师在教学"时间与数学"时，创设问题情境，激发学生快速进入新课。

师：能与爸爸妈妈一起度过周末的学生请举手。（多数学生举手）是呀，同学们都能经常与爸爸妈妈一起欢度周末，多幸福啊！但奇思不能常和爸爸妈妈一起过周末，你们知道为什么吗？走，咱们去看看。

教师出示例题与日历，引导学生理清题目的意思，如"工作 3 天后休息 1 天""工作 1 天后休息 1 天"怎么理解。

师：奇思想让爸爸妈妈带他去游玩，可是他只知道爸爸妈妈各自的休息时间，什么时候他们一家三口才能一起去游玩呢？你们能帮帮他吗？

问题情境激发学生的学习兴趣，使学生主动参与探索，寻求解决问题的方法。

2. 创设故事情境，让学生学得有趣

教师在教"数图形的学问"时，创设了鼹鼠钻洞的故事情境。

师：同学们，今天老师带来了我的小伙伴，它将和大家一起上课。请看视频（小视频《鼹鼠的故事》片头）。猜猜它是谁呢？

生：是鼹鼠。

师：没错，它是可爱的小鼹鼠。洪水过后，他一路流浪，最终选择了一个山清水秀的地方住下来。它最擅长挖土、钻洞。这是它今天的成果，请看，它挖了几个洞口？

生：4 个。

师：看着挖好的洞口，它非常高兴，也累坏了。正当它在洞口休息时，它发现老鹰出现了。怎么办呢？小鼹鼠赶紧钻洞逃跑。

师：逃跑时，它任选一个洞口进入，向前走，再任选一个洞口钻出来。想一想，鼹鼠从哪个洞口进入，又从哪个洞口出来？

（故意错：从第 3 个洞口进入，从第 1 个洞口出来，可以吗？学生回答不可以。）

师：为什么不可以？

生：因为要往前走，不能往后走。不然，老鹰就抓住它了。

师：说得真对！看来有很多路线，值得我们来研究研究。这节课，我们一起和小鼹鼠研究数图形的学问。

通过创设故事情境，激发学生的学习兴趣，引出本课课题。

3. 创设生活情境，让学生学得有味

如在教学"植树问题"时，教师把抽象的数学知识转化为生活中的数学。

师：在我们身边有许多数学问题，这是几（教师伸出一个手指头）？用数字几来表示？这是几（教师伸出两个手指头）？还有一个数，谁发现啦？

（还有一个数"1"——两个手指间有一个间隙）

师：下面请同学们先伸出三个手指，再伸出四个手指，找一找，看有什么规律？

教师引导学生发现了手和数学有关，吸引了学生的注意力。借助学生熟悉的手指，学生很快就明白了点段问题，解决了植树问题的难点，很好地把数学知识和生活联系起来。

4. 创设动画情境，让学生学得有乐趣

例如，在教学"分数的大小比较"时，教师用生动形象的动画，创设唐僧师徒取经的情境：

唐僧师徒四人去西天取经，快到火焰山时，天气特别炎热，师徒四人口渴难耐，于是让八戒去找西瓜解渴。不一会儿，八戒抱着一个又大又圆的西瓜回来了。悟空说："把西瓜平均分成四份，每人得四分之一。"八戒一听不高兴了，嚷道："西瓜是我找来的，我要八分之一。"悟空乐了，赶紧切了八分之一给八戒。八戒一看，怎么比四分之一还少啊？八戒就反悔了。悟空说："这是你自己要求的，反悔也没用！"八戒挠着头皮说："为什么会比先前分得少呢？"

学生都笑了。这时教师停止播放，问："同学们，想知道怎么回事吗？"

生：想！

师：这节课老师就和大家一起探讨这其中的秘密。

这样学生一下子就投入到对新知的探究中，积极进行分数大小的比较。

5. 创设游戏情境，让学生学得有劲

如在教学"图形的运动"时，创设了玩俄罗斯方块的游戏。

师：同学们，你们玩过俄罗斯方块的游戏吗？现在请几个同学上来玩一玩。谁能告诉大家，俄罗斯方块是经过怎样的运动到达指定的位置呢？谁又能告诉老师，图形的运动有哪些方式？

（旋转、平移、轴对称）

师：同学们，在我们的日常生活中数学知识无处不在，就连游戏中都有数学知识。今天我们就一起来探讨图形的运动。

6. 创设比赛情境，让学生学得有兴致

计算是枯燥的，有的教师把枯燥的计算练习设计成比赛形式，使学生学得兴高采烈。

一位教师在教"三位数除以两位数的除法"练习课时。在黑板上画好高高的"山峰"，并在两侧贴上"三位数除以两位数的除法算式"题卡。

男女学生分为两队，各选一名"登山队员"参赛，再派一名队员在登山榜中协助登山旗移动，其他学生当裁判并抢先计算出答案以便正确评判。哪队先答对一题，哪队的登山旗就前进 20 米，哪队先到达顶峰，就能被评为登山冠军，率先在班级优化大师中即时积分 10 分。

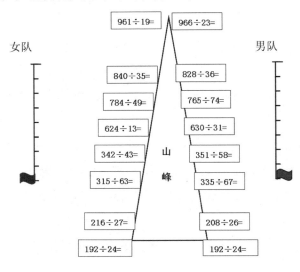

比赛激起了学生的好胜心，激发了学生的计算热情。全体学生在游戏中愉快地完成数学计算，化枯燥为有趣，也巩固了所学知识。

### （二）实践操作

实施实践操作，让学生在实践中感知，在体验中学习。

例如一位教师在教学"两位数减一位数的退位减法"时，为解决"37-8等于几"这个问题，发给每位学生一捆小棒，让学生自由结合进行探索。于是，有的独立研究，有的同桌讨论，有的几个人组合，一个生动活泼的学习局面形成了。教师及时启发学生：今天我们来当一回数学家，看谁找到的算法最多？全体学生表现出极大的参与热情，通过操作发现如下算法：

生1：从37根小棒里数出8根，还剩29根，所以37-8=29。

生2：用10根减去8根还剩2根，另外27根加上2根得29根，也就是10-8=2，27+2=29。

生3：把8分成7和1，37-7=30，30-1=29。

生4：先把一捆拆开，把这10根与右边的7根合起来是17根，从17根里拿去8根还剩9根，再把2捆与9根合并就是29，所以17-8=9，20+9=29。

学生通过不同方法，达到同一个目的——找到了37-8的算理。学生通过动手操作，手脑并用，发现和解决了问题，经历了获取知识的过程，尝到了探索知识的乐趣。

### （三）探究学习

探究学习要体现主动性、问题性、实践性、开放性和综合性。借助信息技术巧设问题情境，激发探究欲望；丰富探究素材，创造探究条件；参与探究过程，注重合作交流；巧设综合训练，培养探究能力；鼓励大胆质疑，激发创新思维。

### （四）合作学习

合作学习中注意优化学习小组结构，培养学生的合作意识、问题意识、思考能力、应用能力，训练学生的倾听、交流、分析、概括、评价能力。

### （五）数学生活化

数学生活化从学生已有的生活经验、熟悉的生活情境入手，让学生发现生活中的数学问题，然后又把学到的新知识用于解决身边的数学问题，使课堂教学体现数学问题生活化，生活问题数学化。

### （六）"互联网+"背景下的教学

"互联网+"背景下，我们要借助互联网信息技术开展新型的教育教学方式，实现传统教学、微课程和翻转课堂相融合。

把"微课"等信息技术引入教学，借助智慧课堂、云平台，可以充分发挥学生在学习中的主体性，让学生参与探究过程，亲历抽象过程，体验数学建模，培养空间观念。学生学会了用数学的眼光去观察、用数学的思维去分析、用数学的语言去表达，学生的数学抽象、直观想象、数学思维、数学理解、数学交流、数学建模等核心素养得到了发展。

通过谐趣教学，灵活地把社会主义核心价值观渗透到学生的学习过程中，培养了学生严谨的思维品质、理性的思考能力、优雅的审美意识、强烈的家国情怀和健全的人格品行，充分发挥了数学丰富的、独特的、不可替代的德育功能，落实了立德树人的目标。

## 第四节　制订谐趣的教学方案

教学是有目标、有计划的活动，没有预设方案的准备，教学只会变成天马行空的活动。高质量的教学预设是教师发挥组织者作用的重要保证，它有利于教师从整体上把握教学过程，实施谐趣教学。

### 一、谐趣教学方案的设计要考虑些什么

数学教学不只是为了提高学生的基础知识和基本技能，而且要使学生在数学学习中获得基本的数学思想方法和应用技能，体会数学与社会生活的联系，加深对数学的了解，产生浓厚的学习兴趣，提高学生的数学素养。谐趣教学的实施，必须要注意以下几个方面：

教学目标的四维性和恰当性；

教学情境的生动性和生活性；

教学语言的趣味性和易晓性；

教学主体的风趣性和感染性；

教学活动的体验性和有效性；

教学方式的多样性和选择性；

教学内容的层次性和紧凑性；

教学评价的激励性和积极性。

### 二、四维目标包含哪些内容

在全盘考虑教学方案的同时，最关键的是制定的教学目标是否有效落实了四维目标？数学核心素养是否得到培养。

要实施谐趣教学，首先要有明确的教学目标，围绕四维目标和数学核心素养进行教学预设。小学数学四维目标不仅包括知识和技能，还包括数学思考、解决问题以及学生对数学的情感与态度等方面的要求。

1. 知识与技能

（1）经历数与代数的抽象运算与建模等过程，掌握数与代数的基础知识

和基本技能。经历图形的抽象、分类、性质探讨、运动、位置确定等过程，掌握图形与几何的基础知识和基本技能。经历在实际问题中收集和处理数据、利用数据分析问题、获得信息的过程，掌握统计与概率的基础知识和基本技能。

（2）参与综合实践活动，积累综合运用数学知识、技能和方法解决简单实际问题的数学活动经验。

2. 数学思考

（1）体会代数表示运算和几何直观等方面的作用，初步建立数感、符号意识和空间观念，发展形象思维和抽象思维。（2）了解数据和随机现象，体会统计方法的意义，发展数据分析和随机观念。（3）在参与观察、实验、猜想、证明、综合实践等数学活动中，发展合情推理和演绎推理能力，清晰地表达自己的想法。（4）学会独立思考，体会数学的基本思想和思维方式。（新增加：经历运用数学符号和图形描述现实世界的过程，建立初步的数感和符号感，发展抽象思维；丰富对现实空间及图形的认识，建立初步的空间观念，发展形象思维；经历运用数据描述信息、做出推断的过程，发展统计观念；经历观察、实验、猜想、证明等数学活动过程，发展合情推理能力和初步的演绎推理能力，能有条理地、清晰地阐述自己的观点。）

3. 问题解决

（1）初步学会从数学的角度发现问题和提出问题，综合运用数学知识和其他知识解决简单的数学问题，发展应用意识和实践能力。（2）获得分析问题和解决问题的一些基本方法，体验解决问题方法的多样性，发展创新意识。（3）学会与他人合作、交流。（4）初步形成评价与反思的意识。

4. 情感态度

（1）积极参与数学活动，对数学有好奇心和求知欲。（2）体验获得成功的乐趣，锻炼克服困难的意志，建立学好数学的自信心。（3）了解数学的价值。（试验稿：初步认识数学与人类生活的密切联系及对人类历史发展的作用，体验数学活动充满着探索与创造，感受数学的严谨性以及数学结论的确定性。）（4）养成勇于质疑的习惯，形成实事求是的态度。

### 三、教学目标要凸显数学核心素养

《义务教育数学课程标准（2011 年版）》明确提出数学教学中应特别重视的 10 个重要能力，即数感、符号意识、空间观念、几何直观、数据分析观念、运算能力、推理能力、模型思想、应用意识和创新意识。可以把这 10 个重要能力理解为学生学习数学应达成的重要思维品质和关键能力。因此，把它们理解为数学核心素养是恰当的。修订的《普通高中数学课程标准》明确提出了 6 大核心素养，即数学抽象、逻辑推理、数学建模、直观想象、数学运算和数据分析。可见，普通高中课程标准中确定的数学核心素养与义务教育数学课程标准中提出的 10 个核心素养是一脉相承的，关键要素的表达是基本一致的，我们在制定教学目标的时候，要凸显这些数学核心素养。

数学核心素养不是指具体的数学知识与数学技能，也不是简单的数学解题能力。史宁中给出成为数学思想的两个标准：其一，数学产生以及数学发展过程中所必须依赖的基本思想；其二，人们在谈论数学时，总要谈及的独特素质。基于此标准得出数学发展所依赖、所依靠的思想在本质上有三个：抽象、推理、模型。数学思想方法是数学基本思想的具体化，是从数学角度提出问题、解决问题（包括数学内部问题和实际问题）的过程中所采用的各种方式、手段和途径等。其中包括数形结合的思想方法、分类讨论的思想方法、转换的思想方法、等量替换的思想方法、特殊化的方法和方程思想方法等。数学核心素养是数学思想与数学方法的综合概念。例如，在小学阶段，应重视培养学生的运算能力、归纳猜想能力、综合概括能力，那么与之相关的数学知识就成了这个阶段学生需要掌握的数学核心素养，我们就需要发展学生这些方面的数学核心素养。

数学核心素养与具体的数学知识（公式、定理、法则）不同，不能短时间获得，应该通过长期的培养获得。从教育的角度来看，数学核心素养应该强调反映数学情境、数学思想、数学意义、数学建模等四个方面。将社会活动和社会背景引入数学课堂中有助于发展学生的数学核心素养。从数学学科角度来看，数学核心素养需要一定的现实生活经历。例如，在小学阶段，学生的身心发展水平及认知能力还比较低，不容易接受相对来说比较抽象的事物，从学生心理特征的角度来看，在培养学生数学核心素养的时候，需要借助直观、形象、有趣的生活情境。基于以上分析，数学核心素养虽然是"看不见，摸不到"的，但绝非是"空中楼阁"，在教学中需要借助具体的、形象的、实在的教学情境，数学学科特征与学生心理特征决定了数学核心素养的抽象性与情境性。

数学核心素养是满足学生个人全面发展所必需的核心数学知识、数学能力和情感态度价值观，是数学知识、数学能力、数学态度、数学思考的综合性表现。柯朗在其名著《什么是数学：对思想和方法的基本研究》中指出："数学，作为人类思维的表达形式，反映了人们积极进取的意志、缜密周详的推理和对完美境界的追求。"数学核心素养超越了数学教育中长期以来的数学知识与数学能力二元思维方式，凸显了情感、态度、价值观的重要性，而学生的情感、态度、价值观也是数学课程改革三维目标中重点强调的。美国全国数学督学理事会（NCSM）在《面向 21 世纪的基础数学》报告中指出，数学素养包括数学知识、数学思维、数学方法、数学思想、数学技能、数学能力、个性品质七个方面内容。基于此，数学核心素养是数学能力、数学知识、数学态度、数学思考的综合体现，数学能力与数学知识是数学核心素养的外显表现，数学态度与数学思考是数学核心素养的内隐特质。

数学核心素养离不开数学理性思维。数学理性思维是在数学学习过程中，通过观察、体验、经历及内化等过程逐步形成理性的思考问题、分析问题、解决问题的思维方法和价值观。

要实施谐趣教学，教师不能再用传统的老模式，采用"满堂灌""满堂问""磨时间"等一些旧的思想观念，应该追求一些新的教学方法、教学策略，调动学生学习积极性，让学生由被动学习走向勤奋学习，逐步学会自主合作、探究学习，从而实现有效教学。

# 第五节 创设谐趣的教学情境

我们教师在创设教学情境时，要以新课改精神为准绳，通过创设情境来激发学生主动学习。对于谐趣教学情境的创设，主要思考如下两个问题：什么是谐趣的教学情境？创设谐趣的教学情境应注意些什么？

## 一、什么是谐趣的教学情境

谐趣的教学情境就是有趣又有效的教学情境。让学生在具体、生动、有效的教学情境中学习数学，已经成为每个数学教师的追求，但有些情境流于形式，思考性不强；有些情境为了迁就学生的兴趣而浪费了教学的时间，收不到应有的效果；有些情境只有热闹的形式而没有深层次的体验和数学思考……这些情境的创设是没有意义的，是无效的。我们创设的情境必须是有效的谐趣的，教学情境要有吸引力，并且要与教学内容紧密关联。首先要有明确的指向，具有定向性；其次要注意联系学生的生活实际，具有生活性；要形象具体，具有直观性；要注意学科特点，体现学科性；选取的素材要具有实效性。

### （一）情境要指向明确

好的教学情境要与教学的核心内容密切联系，设计的问题情境要有明确的指向性。

例如：在教学"3乘几"时，课件演示主题图，老师问："小朋友，你们从这幅图中发现了什么？"这个问题情境缺乏指向性，它把学生的思维放到了广阔的背景之中。二年级学生找信息往往是从简单的、直观的入手，学生就会说发现了桃子、猴子、松鼠、白兔、萝卜、凳子、大树等等，说出与教学内容无关的东西，冲淡了这节课的教学重点。其实，当出示主题图时，老师提出"你发现了什么"这一问题后，可补充一个具有定向性特点的问题："你们能提出哪些数学问题？"这样的问题情境具有定向性，能够很快切入教学重点。

## （二）情境要来源于生活

在创设生活情境时，强调从学生已有的生活经验出发，使生活问题数学化，数学问题生活化，以唤起学生已有的生活积淀，产生对数学的亲切感，从而激发学习数学的兴趣。这样可使学生在数学活动的情境中借助已有的生活经验，去感受、去经历从而发现问题、提出问题，解决问题。比如教师在教学"角的分类"时，出示学生熟悉的生活中的角，使学生感觉到角就在身边，从而对探究角的分类产生浓厚的兴趣。

又如在教学"观察物体"时，为了让学生明确观察的位置不同，观察的结果也就不同，教师通过实地拍摄校门、教室、茶壶、钢琴、公共汽车等图片，给学生创设了熟悉的生活情境，让学生感到非常亲切，学习的积极性得到极大激发。

## （三）情境要凸显数学味

数学发展来源于现实生活，还要服务于数学自身内在发展。因此，我们在创设现实的教学情境时，要根据教学内容和数学学科的特点，创设纯数学的教学情境，以紧扣教学内容，凸现学习重点，突破教学难点，体现学科特色。

下面是一节一年级上册"0的认识"教学案例，我们来看一下这节课情境的创设有没有意义？

上课开始，老师在黑板上画了一个"0"，问：小朋友们，知道老师在黑板上画的是什么吗？

一个学生急忙举手回答："零"。

老师似乎不满意这个回答，暗示他坐下。启发道："谁再动动脑筋，0像什么？"

生2：像轮胎。

老师：你真会动脑筋，想得非常好。

生3："0"像太阳。

生4："0"像十五的月亮。

生5："0"像西瓜。

……

学生纷纷抢着发言，各种想象应有尽有。老师分别予以表扬，表扬他们有丰富的想象力。

活跃的课堂的气氛持续了将近 20 分钟。学生所描述的都是有关"0"像什么。到这节课的总结反馈阶段，学生说得最多的是"0 像什么"。

这堂课看起来十分贴近生活，而且课堂气氛也十分热闹，但是这堂课很明显偏离了数学教学的目标，"数学知识"几乎成了生活例子的附庸。这节课应该突出 0 的书写和 0 的含义，0 表示一个东西也没有，0 表示起点，教师却偏偏忽略了这两点。

### （四）情境要体现趣味性

学生对于形象的 flash 动画、实物或生动的语言描述非常感兴趣，他们的思维也容易被启迪、开发和激活。比如一些教师在教学空间图形的内容时，通过多媒体给学生创设直观形象的情境，化抽象为直观，有助于学生理解抽象的知识。也有的教师在教学时引进了魔术、游戏，让数学课变得更加有趣。

### （五）情境要具有实效性

教师要注意积累教学情境的素材，要能根据具体情况，也就是学情的不同灵活选取素材。有效地激趣、导疑、质疑、释疑，发挥情境的实效性。比如在教学浸入水中物体的体积时，可通过"乌鸦喝水"这个故事给学生创设悬念情境。

## 二、创设谐趣的教学情境应注意些什么

谐趣的教学情境有利于学生学得有趣、学得高效。创设谐趣教学情景应注意些什么？

### （一）忌滥用情境误导学生

很多数学教师在设计教学时都在为创设情境绞尽脑汁，似乎不创设情境就不利于学生对知识的理解和掌握，于是，很多牵强附会的情境就出现了。

我听过一节"位置与方向"的课，老师为了引入课题，创设了一个这样

的情境：

师：今天，我们来玩一个猜谜语的游戏，你们想不想玩？

生：（很踊跃，情绪高涨）想。

师：请你猜猜老师今天给你们带来了什么礼物？

学生纷纷举手。

老师用手向左边一指："你来猜。"于是，坐在左边的一个同学很高兴地站起来，这时，老师说："不是你，右边。"第一个同学灰溜溜地坐下了，他右边的另一位同学很兴奋地站起来了。谁知道，老师又说："不是你。"这个同学满脸通红地赶紧坐下。"前面的同学。"老师又发话了，前面的一个同学犹豫地站起来，老师又说："也不是你。"这时，同学们面面相觑，谁也不敢站起来了。老师接着问："你们想一想，老师该怎样说，你们才能马上明白老师所指的是谁？"于是，同学们七嘴八舌地说起来了，"老师应该说穿什么衣服的""老师应该说剪什么头发的""老师应该说同学的姓名""老师应该说学号"……兜了一大圈，老师目的是希望学生说出"几行几列"，但是学生却离教学目标越来越远。老师创设这样的情境的初衷是激发学生的学习兴趣，但是反而打消了学生的学习积极性，让学生处于茫然状态，远离了学习的目标，浪费了时间，降低了学习效率。

应该根据学生的年龄特征和教材实际，有选择地设计教学情境，而不是滥用情境，误导学生。为了让情境的创设更加有效，我们在创设情境时要注意合理性、阶段性、时代性。

1. 情境创设要注意合理性

合理性是指要符合学生的心理特征、个性特点和生活经验。

2. 情境创设要注意阶段性

阶段性是指对处于不同学段的学生，情境的指向性要不同。

对于低年级学生来说，要多创设生动有趣、直观的情境，比如游戏情境、动画情境、故事情境；到了高年级，则要侧重于创设有助于学生自主学习、合作交流的情境，那些过于"花哨"的动画反而有些"幼稚"了，教师应尽量用数学本身的魅力去吸引学生，创设挑战性情境、实践情境、悬念情景、比赛情境。尽量让学生由内心的成功体验上升到情感的满足，进而产生学习的动力。

3. 情境创设要考虑时代性

应该赋予情境一种时代气息，如果还是停留在过去，再用"开火车""摘苹果"等情境，就很难真正地吸引学生了，应该借助动画、游戏等创设学生喜欢的情境。

### （二）忌纠缠情境远离主题

如果情境时间过长，就会衰减、淡化教学主题。因此需要教师把握时机，张弛有度，启发学生思维，及时把由情境带来的短暂冲动转化为对新知的探究。

例如：在"有余数的除法"中，教师设计了"猪八戒分桃子"的童话情境：西天取经的路上，孙悟空让猪八戒分桃子："18 块桃子，平均分给 4 个人，每人分得的要尽可能多，分剩下的就奖给你吃。"猪八戒每人分了 2 块（画外音："剩下的 10 块都是我的了。"），分好后，孙悟空抢起金箍棒，就要打猪八戒。教师问："猪八戒挨打的原因是什么呀？"学生轻松地找到了猪八戒挨打的原因：剩下的还可以分（余数比除数大）。这时，为了防止学生过分"纠缠"于故事情节，教师迅速抽取几次分桃子的算式，及时把这个对数学教学有用的信息以对比的形式呈现给学生，把童话情境转化成了数学素材，学生通过独立分析，集体讨论等悟出了"余数要比除数小"的道理。

### （三）忌情境烦冗降低效度

教学情境的创设并非多多益善，而应保持一定的度，要充分挖掘一个主题情境所负载的内涵。课堂教学要十分关注学生有效思维的时间长度。教学情境变化太快，容易把教学过程搞得支离破碎；教学情境设置过多，容易使情境展开不足。

例如，教学"找规律"，教师围绕"装扮我们的教室，过快乐的六一"主题情境展开教学。先在教室里有规律地挂一些彩旗，将学生置身于一个现实情境中，初步感受规律。然后引导学生依照自己心中的规律，用自己独特的方式制作"有规律"的灯笼。接着，在交流中感受规律，提升思考。最后，再围绕"如何使我们的教室更漂亮"这一主题引导学生交流，并利用本课所学的规律开展实践活动，布置教室。整节课情境的创设都是围绕"规律"开展。

### 三、要根据学生的年龄特征创设情境

#### （一）创设故事情境，让学生探究学

例如，在教学"分数的大小比较"时，教师用生动形象的动画、优美的背景音乐，创设唐僧师徒取经的故事情境：

唐僧师徒四人去西天取经。快到火焰山时，天气特别炎热，师徒四人口渴难耐，于是让猪八戒去找西瓜解渴。不一会儿，猪八戒抱着一个又大又圆的西瓜回来了。唐僧说："把西瓜平均分成四份，每人得一块。"猪八戒一听不高兴了，嚷道："西瓜是我找来的，我要吃多一块，我要吃两块"。孙悟空乐了，赶紧把西瓜平均分成八块，给了猪八戒 2 块。猪八戒拿着两块西瓜，高兴地吃起来。此时电脑里传来孙悟空的笑声。这时教师停止播放，问："同学们，你们知道孙悟空为什么笑？"有同学回答道："猪八戒吃的跟原来一样多，但他却不知道。"教师接着说："有同学说猪八戒两次分得的一样多，是否真的这样，其中藏着什么秘密，你们想不想知道？"

生：想！

师：这节课老师就和大家一起探讨这其中的秘密。

这样学生一下子就投入到新知的学习中。

#### （二）创设动画情境，让学生简单学

在学习"角的认识"时，教师播放了一个《红角和蓝角》的故事片：

几何王国里有两个角，一个叫红角，一个叫蓝角，它们是好朋友，可是，有一天，它们俩为了谁大谁小吵起来了。红角说："我的边比你长，所以我比你大。"蓝角不慌不忙地说："其实，你并不比我大，不信咱俩比比看。"接着动画演示，把红角和蓝角两个重叠在一起。通过演示，红角不好意思地说："是我错了，原来角的大小与边的长短没有关系，我们还是好朋友。"最后，红角和蓝角握手言和。

就这样，教师借助动画故事，帮助学生理解了这两个角其实是一样大的，从而懂得：角的大小和两边的长短无关；角的两边张开得越大，角就越大。这个动画故事把数学知识用动画故事情节呈现出来，把抽象的知识具体化、静止的画面动态化，调动学生的各种感官参与学习活动，形成了生动活泼、兴趣盎然的学习氛围，促成了认识活动的探索化、动态化和情感化。

**（三）创设游戏情景，让学生玩中学**

例如，在教学"立体图形的认识"时，教师对学生是这样说的："同学们，你们喜欢玩游戏吗？"

生：想。

师：好，这节课我们来玩"谁是有心人"的游戏，这项游戏以小组合作的方式完成。老师给每个组准备了长方体、正方体、圆柱和球，同学们在桌子上滚一滚、推一推，比较在操作这些物体时有什么不同的感觉？操作完后在小组内交流。比一比看哪一组做得又快又好。

课堂上顿时洋溢着学生的欢乐，学生创造了各种不同的玩法，并热烈地在小组内交流玩的过程中的发现。

活动结束后，教师让学生上台汇报。

生1：我一推，圆柱和球会滚动，而长方体、正方体不能滚，只能推着走。

生2：我发现长方体和正方体有平平的面，长方体长长方方的，而正方体四四方方的。球是圆圆的，圆柱有两个圆的面，这两个圆面一样大。

生3：圆柱是直直的，上下一样粗细，两头是圆的、平平的。长方体和正方体都有八个面。相对的两个面一样大。

学生在玩的过程中掌握了长方体、正方体、圆柱和球，学生在"玩"中学，在"乐"中思，体验数学活动的探索、创造，激发了学习兴趣。

**（四）创设生活情境，学生愉快学**

数学来源于生活，我们选取孩子熟悉的生活情境开展教学，会让学生学得更加有趣，更加认真。例如，有位教师在教学"植树问题"时，创设了这样的情境：

师：在我们身边有许多数学问题，请同学们仔细看，我和小明站在一起，共有几人？我和他之间有几段？

　　生：两人，你们之间有一段。

　　师：好，老师叫两个同学站在我和小明之间，现在一共有几人？我和小明之间又有几段？

　　生：一共有四人，老师和小明之间有 3 段。

　　师：你们从中发现了什么秘密吗？

　　生 1：我发现人数比段数多 1，段数比人数少 1。

　　生 2：我想，如果人换成了树，也可以这样说，树的棵数比段数多 1。

　　由于情境来自学生熟悉的人，学生学得特别认真，很快就掌握了植树问题。

　　情境的创设途径很多，我们要根据学生的年龄特征和个性特点创设最适合他们的教学情境。

# 第六节　开展谐趣的课堂活动

## 一、数学课堂经常采用哪些活动

　　学生的学习应当是一个生动活泼的、主动的和富有个性的活动过程，有效的课堂活动包括观察分析、实验探究、验证推理、猜测反思、合作交流、练习反馈、接受倾听等。例如，在教学五年级上册"轴对称的再认识"时，通过组织学生开展小组合作、实践探究，进行"折、拼、看、说、议、辩"等活动，吸引了学生的注意力，课堂气氛轻松热烈，学生得到的结论既准确又全面，并且记忆深刻。

## 二、课堂活动的有效开展应注意些什么

　　在数学课堂上，教师为了激发学生的学习积极性，向学生提供了多种活动的机会，比如常用到的自主探索、合作交流、小组实践等等，旨在通过这些数学活动让学生真正地理解知识、掌握技能，可是很多课堂活动看似气氛活跃，学生积极性高涨，可实质却没有达到活动的目的，学生对知识的理解仍是似懂非懂，我认为教师只是注重了活动形式的多元化、新颖化，却忽视了课堂活动的本质。结合教学实践，实施谐趣教学，在组织课堂活动时应注意以下几点。

### （一）课堂活动切忌盲目

　　在深入钻研教材后，教师首先应确定本节课的教学目标、学习的重点和难点。教师要明确课堂活动是紧紧围绕教学目标而开展的，通过每一次的活动，学生在知识与技能、过程与方法、情感与态度等方面得到提升。例如在探索三角形三条边的关系时，其中一个教学活动是让学生用四根小棒摆三角形，在学生摆的过程中教师就应该引导学生发现哪几根小棒能组成三角形，而哪些不能，再引导学生观察三角形三条边存在怎样的关系，思考其中的原因，鼓励学生大胆猜想。此次活动的目的就是让学生发现三角形任意两

边之和大于第三边。在组织学生活动时，教师就要适当地加以引导，不能让学生漫无目地去摆小棒，而是通过摆的过程发现并体会三角形三条边的关系。

### （二）课堂活动要贴近生活

数学知识来源于生活，又应用于生活，让学生在生活中学习，体会数学与现实生活的密切联系，既提高了学生主动参与的意识，又让学生感受到数学在社会生活中的重要性。因此，在组织课堂活动时不能脱离现实，应贴近生活，这样，学生的积极性更高，探索知识的欲望更强。下面我们来看一个"观察物体"的教学片段，教师组织学生观察录像上的小朋友是如何拍照的，并且给出了四张照片，让学生分析判断自己看到的是哪一张。之后组织学生开展"转圈观察物体"的游戏，让学生理解观察者的位置不同，观察到的结果也就不同。整个活动过程贴近生活、目的明确，极大地调动了学生学习的积极性。

### （三）营造良好的活动氛围

课堂活动不仅仅是学生互相交流的平台，而且是师生双方互相沟通、共同进步的过程。在课堂活动中教师要从居高临下的位置上走下来，到学生中参与活动，营造宽松的活动氛围，积极参与指导，适时鼓励学生，关注学生心态。在这样一个平等、和谐的氛围下，学生的积极性怎会调动不起来？在活动过程中，尤其要关注后进生，用语言与行动鼓励他们，让他们走出自卑的阴影，用积极的心态参与到活动中。

### （四）鼓励学生在活动中有所创新

培养学生的创新精神是数学教学的目的之一。在课堂活动中，教师应鼓励学生大胆猜想，积极探索，提出有个性、有新意的见解，拓宽对知识理解的深度与宽度，避免学生对知识的理解死板、单一。

## 三、激发学生开展有效探究

要开展有效的课堂活动，就要善于激发学生开展有效的探究。在组织探究活动时应注意以下几点。

### （一）激发学生探究的欲望

许多伟大的学者都认为问题意识很重要，特别是善于发现问题、提出问题很重要。爱因斯坦说过："提出一个问题往往比解决一个问题更重要。"引导学生形成问题意识的策略主要是创造性地构建探究环境，激发学生大胆探究。为此，我们应该创设情境，让学生在情境中发现问题、提出问题，充分满足学生的好奇心和探究欲望，给学生大胆猜测和"异想天开"的机会；对学生所出现的错误或不足应加以引导，给学生反思和修正的机会。

比如教师创设了唐僧师徒分西瓜的情境：孙悟空吃了一个西瓜的 $\frac{1}{3}$，猪八戒吃了剩下的 $\frac{1}{2}$，谁吃的西瓜多？激发学生发现问题：$\frac{1}{3}$ 跟 $\frac{1}{2}$ 比较，还是 $\frac{1}{3}$ 和 $\frac{2}{3}$ 乘 $\frac{1}{2}$ 的积比较？怎样比较？从而激发他们探究分数乘分数的欲望。

### （二）指导学生有目的地探究

教师在明确本课的教学目标后，也要让学生进行有目的地探究。例如在教学 $\frac{3}{4} \times \frac{1}{4}$ 时，让学生折、涂长方形纸，目的是让学生明白，分母乘分母的积就是单位 1 最后所分的总份数，分子乘分子的积就是最后所取的总份数。所以在学生探究前，教师应进行指导，让学生明白把一张长方形纸先竖着平均分成 4 份，用黑笔涂 3 份，也就是一张纸的 $\frac{3}{4}$。再横着平均分成 4 份，用红笔涂黑色的 $\frac{1}{4}$，这样学生探究的目的就会明确，探究效果也就高效。学生通过探究很快就明白了 $\frac{3}{4} \times \frac{1}{4}$ 的计算结果，进而明白了分数乘法的计算法则。

### （三）探究活动要贴近生活

数学知识来源于生活，又应用于生活，让学生在生活中学习，体会数学与现实生活的密切联系，既提高了学生主动参与的意识，又让学生感受到数学在社会生活中的重要性。因此，在组织课堂活动时不能脱离现实，应贴近生活。如在教学"长方形的面积"时，教师是这样激发学生的探究欲望的。

师：同学们，智慧城堡的堡主准备给地板铺上瓷砖，熊大和熊二拿着质量一样的瓷砖游说堡主购买。走，咱们去看看。（熊大拿着长 4 分米、宽 3 分米的长方形卡纸，熊二拿着长 6 分米、宽 2 分米的长方形卡纸。）

生 1：我是熊大，我的瓷砖面积大，一块 9 元，买我的。

生 2：我是熊二，我的瓷砖比你的长，我的面积大，每块只卖 8 元，我的便宜，买我的。

生 1：我的大。

生 2：我的大。

师：到底谁的面积大？要判定他们谁的面积大，就是要比较这两个长方形面积的大小。老师为每一组准备了跟熊大、熊二瓷砖面积一样大小的长方形卡纸以及若干块面积为 1 平方分米的小正方形，下面请同学们小组合作，用自己喜欢的方法测量出它们的长、宽以及面积，并把测量的结果填在这张表格上。填完后在小组内交流你们的方法和发现。（课件出示长方形）注意哦，不仅要量得对，更要量得巧！ 比一比，看哪一组量得最快，讨论得最认真。

这样导入新课，让学生觉得数学来源于熟悉的生活，数学问题就藏在自己的身边，学生的探究热情得到了激发，从而积极投入到新知的探究活动中。课堂活动如果脱离生活，学生会觉得索然无味，更不可能体会到数学在生活中的价值，所以探究活动一定要贴近生活。

### （四）找准探究起点，明确探究的目的

找准探究学习的起点除了要关注学生是否具备了进行新的学习所必须掌握的知识和技能，还要关注学生学后对本节课的学习目标掌握的程度如何，哪些目标没有掌握，哪些目标通过学习伙伴的互助能够学会，哪些目标需要教师的点拨和引导，找准探究学习的起点，就可以做到少教多学，省时高效。

例如教学四年级上册"商的变化规律"，通过学生的汇报，对于"被除数不变，除数变化引起商变化"的规律和"除数不变，被除数变化引起商变化"的规律，学生通过自学已经掌握了，但对"被除数、除数都变化了，商

会发生怎样的变化"，认识模糊。我们就要以此为起点开展教学，把探究的目标放在"被除数和除数怎样变化时，商不变"上。

### （五）指导学生探究，注重探究的高效

课堂教学中要精心设计一个恰到好处的教学活动，同时要出现这样一个理想状态，即能让每一个学生主动参与、观察、思考，获取自己的体验，在合作交流中不断优化自己的结论。要做到这点，对于小学生来说，特定的情境和充分的材料都是不可少的。美国心理学家布鲁纳说得好："学习的最好刺激，就是对学习材料的兴趣。"教学中，要根据学生的年龄特点和认知特点，设计具有探索性、开放性的问题，给学生提供自主探索的机会，教师不能代替学生思考，不能简单地以成人眼光对学生的解答做出判断，要让学生在观察、实验、猜测、归纳、分析和整理的过程中理解问题是怎么提出的，概念是如何形成的，结论是如何归纳得到的，为学生提供主动参与、表达自己想法的机会。

如在教学"长方体和正方体的认识"时，教师要求每个学生拿出长方体纸盒，认真观察长方体的面、棱、顶点，引导学生看一看、摸一摸、量一量、数一数，逐步抽象概括出长方体的特征；再让学生用细木条或铁丝作棱，用橡皮泥等粘成一个长方体框架，从而清楚看到 12 条棱之间的关系，进一步引出长、宽、高的概念；在此基础上可让学生用硬纸板做一个长方体和正方体。三个阶段的操作让学生逐步把握长方体的内涵，明确各部分之间的联系，有利于内化新知，发展学生的空间观念。正如皮亚杰所说："智慧的鲜花是开放在手指尖上的。"教学中，凡是能让学生动手的，尽量取消教师的操作演示，让学生在操作中发展思维。多提供机会让学生剪一剪、摆一摆、折一折、画一画，使学生的多种感官参与活动，丰富学生的感性认识，以动促思，动中释疑，促进知识与能力的协同发展。

## 四、多维的课堂评价激发高效学习

在课程改革的今天，我们要构建与新课标相适应的课堂教学评价，从培养学生学习数学的能力、情感、态度、过程、方法、思维等各方面实施积极

的评价，让每一个学生都得到发展，实现课堂教学的高效生成。

### （一）关注学生的学习过程，实施个性评价

《义务教育数学课程标准（2011年版）》指出："评价既要关注学生学习的结果，也要重视学习的过程。"我们过去虽然也对课堂教学的评价进行改革，试图借助评价激发学生的学习积极性，但是对学生的评价往往还停留在概括性评价上，或者用一把尺子衡量所有学生。随着课程改革的推进，我们要构建与新课标相适应的课堂教学评价，面对个性不同的学生，面对每一个学生在成长中每一天的新变化，我们的评价要具体化、个性化，在课堂中充分关注学生的学习过程，让每一个学生都能获得不同的发展。例如：对上课容易分心，爱做小动作的学生说："你是一个聪明的孩子，但上课专心听讲是学好数学的关键。""老师看到你们专注的眼神很开心。""如果你能更认真，老师相信你会有更大的进步。"当学生回答有创意时说："独特的解题思路说明你是爱动脑筋的好孩子！""这种想法连老师都没想到，真棒！""解得巧，真聪明！""你是与众不同的孩子！"对于积极参与实践探究的学生说："你是勇于探究的好孩子，我为有你这样的学生感到骄傲。""你的好学会让你取得更大的进步。"

### （二）关注学生学习情感，运用激励评价

优化评价手段，走进学生的心里，关注学生的学习情感，让每次评价都成为师生交流情感的机会，使学生获得一种自我的满足与成功感，感受到理解、信任、关心、尊重和鼓励，激发他们学习的自信心。如：对于学习困难的学生，要尽量挖掘他们的闪光点，以鼓励的语言调动他们的积极性："老师相信你能行！""你第一步分析得很好。""你的声音很响亮，要是这样分析就会更好。""你勇敢地提出自己的看法，要表扬！""相信自己，你一定能做得更好！"

这样，对学生的激励性评价，鼓励学生积极思考、大胆尝试、主动探究，让学生在学习中体验成功的喜悦，从而激发他们积极学习、大胆探究的动力，实现高效学习。

### （三）关注学生学习方法，开展自评互评

要关注学生的学习方法，引导学生通过自评和互评，反思学习过程和方

法，找出自身的长处和不足，从而不断改进、不断提高。

比如，在教学"圆的周长"时，学生通过小组合作，寻找出各种测量圆的周长的方法。学生在交流汇报过程中，积极进行自评和他评。

生1：我想，圆的周长可以像三角形、长方形那样直接进行测量。

生2：我不同意他的意见。我们刚才小组讨论的时候，讨论了这种方法，但最后我们认为圆是曲线围成的图形，很难直接测量，但可以用滚动的方法测量，我们认为在一条绳子上滚动一周，做好记号，然后测量这段绳子的长度。

生3：这种方法很好，我们也发现了用绳子绕圆一周的方法来测量。

生4：他们都很棒，发现了这么多测量方法，但如果要测量圆形屋顶怎么办？所以我觉得要寻找更好的计算方法。

生5：对，我也赞同，我们想圆的周长应该跟它的半径有关，半径越长，圆就越大，圆的周长就越长。

在这个交流的过程中，学生通过自评和互评，不断地反思自己和他人的学习方法，产生新的问题，得出新的想法，激发探究的欲望，实现课堂学习的高效。

## 五、让动态的生成点燃学生创新的火花

《义务教育数学课程标准（2011年版）指出："创新意识的培养是现代数学教育的基本任务，应体现在数学教与学的过程之中。"学生在亲历知识形成的过程中不断生成新知，这种生成是动态的，我们要善于利用学生动态的生成，点燃学生创新的火花。

### （一）利用生成的问题激活学生的创新思维

随着学生探究活动的深入，往往会生成新的问题，而这些新问题是学生通过实践探究、思维碰撞后生成的问题，是萦绕在学生头脑中迫切需要解决的问题，能够高度激活学生的创新思维。教师要善于捕捉这种问题，引导学生围绕这种新生成的问题，开展创新性的探究，在解决问题的过程中激活学生的创新思维。

如在教学"求浸没在水中的物体的体积"这一知识时，学生通过探究后发现，把水倒进圆柱形容器，再把物体浸没水中，物体的体积就是升高的那部分水的体积。但在练习中学生发现了一个新问题：当水中浸入的是圆锥体时，怎么求圆锥的体积？有同学认为用求圆锥体积的公式解决，这种观点占据了大多数，也有个别同学认为不是。但用什么方法求？是否求圆柱的体积？要求的圆柱的高是多少？用哪个公式？学生众说纷纭。针对这些新生成的问题，我引导学生再次探究：拿出一个透明的圆柱形玻璃杯，杯里装了一些水，然后往这个杯子放进一个小圆锥。学生经过观察讨论后发现，圆锥的体积就是升高的那部分水的体积，在圆柱形容器里面，这部分水也是圆柱形，所以要用求圆柱体积的公式而不是用求圆锥体积的公式，所求圆柱的半径等于容器的半径，高等于水升高的高度。这样，学生很快就找到了解决问题的关键点。

如果我们跳出禁锢，把学生探究过程中生成的问题看成是学生的需求，引导学生解决生成的问题，那么学生的思维也会再次得到碰撞，从而有效激活他们的创新思维。

**（二）善用生成的错误点亮学生的创新火花**

学生在学习过程中也会不断出错。正因为出错，才会有点拨、引导和解惑，才会有研究、创新和超越，关键看教师怎样运用学生的"错误资源"。教师若善于运用生成的"错误"资源，就可以点亮学生的创新意识。

如：在一节分数应用题的公开课上，出示了这样一道题：修路队修一条长 18 千米的路，第一天修了全长的 $\frac{1}{3}$，第二天修了全长的 $\frac{1}{2}$，还剩多少千米没有修？

学生列出的算式有：① $18-\frac{1}{3}-\frac{1}{2}$；② $(18-\frac{1}{3})\times\frac{1}{2}$；

③ $(18-18\times\frac{1}{3})\times\frac{1}{2}$；④ $18-18\times\frac{1}{3}-18\times\frac{1}{2}$；

⑤ $18\times(1-\frac{1}{3}-\frac{1}{2})$；⑥ $18\times\frac{1}{3}\times\frac{1}{2}$

结合线段图，通过分析讨论，学生很快发现了只有第④和第⑤种解法是正确的。这时，教师灵活运用学生的"错误资源"，因势利导："如果用其他算式，聪明的你们能通过改变原来题中的条件和问题，改编出新的应用题吗？"学生的思维打开了，针对其他算式改编出不同的应用题。学生在改编应用题的过程中，创新精神得到了培养。

教师在教学过程中善用学生的错误，把生成的"错误资源"合理地开发并予以运用，则可以变"废"为宝，让学生在纠错、改错、辨错过程中不断提高，不断创新。

### （三）鼓励奇异的生成，拓展学生的创新思维

叶圣陶先生指出："教师之为教，不在全盘授予，而在相机诱导。"因此，教师应及时捕捉学生在学习过程中生成的奇异想法、独特解法，并给予肯定，鼓励学生超越习惯性的思维，发现解决问题的新方法，学会讲巧讲妙，从而拓展学生的创新思维。

如在教学完圆柱的体积后，教师出示了这样一道题：一个圆柱的侧面积是 24 平方厘米，半径是 3 厘米，这个圆柱的体积是多少立方厘米？乍一看题，好些学生无从下手，但经过讨论后，学生逐渐发现了解题的方法。

生 1：第一步先求圆柱的底面周长：$2 \times 3.14 \times 3 = 18.84$（cm）；

第二步求圆柱的高：$24 \div 18.84 \approx 1.27$（cm）；第三步求圆柱的底面积：$3.14 \times 3^2 = 28.26$（$cm^2$）；第四步求体积：底面积 × 高，$28.26 \times 1.27 \approx 36$（$cm^3$）

生 2：$3.14 \times 3^2 \times \left[24 \div (2 \times 3.14 \times 3)\right]$

$= 3.14 \times 3^2 \times 24 \div 2 \div 3.14 \div 3$

$= 36$（$cm^3$）

生 3：

$$3.14 \times 3^2 \times \frac{24}{2 \times 3.14 \times 3}$$

$= 36$（$cm^3$）

生 4：我是直接用 $24 \div 2 \times 3 = 36$（$cm^3$）

教师肯定了前面三位同学的解法，第四位同学的解法简单、快捷，但是

看起来好像没有道理，班里大部分同学都不赞成。这种生成出来的奇异解法是否正确？教师没有直接肯定，实践是检验真理的标准，教师给第四位学生递了一个圆柱体教具，让他上台进行验证。

学生把教具拼拆成长方体，一边拼，一边比画着说："长方体是由圆柱拼成的，长方体的底面积就是原来圆柱侧面积的一半，长方体的高就是圆柱的半径，圆柱的体积＝长方体的体积，长方体的体积＝底面积×高，所以圆柱的体积＝侧面积的一半乘半径，我直接用 24÷2×3 求出圆柱的体积是 36 立方厘米。

当学生展示完后，教师适时进行表扬肯定，同时鼓励班里的同学在解决问题时要大胆猜测、想象，更要向传统思维挑战，向自我挑战，敢于另辟蹊径，寻找简单快捷的解法。

从不同的角度观察和思考问题，就会有不同的解题思路。教师通过捕捉探究过程中生成出来的奇异解法，并给予呵护，鼓励学生大胆创新，给学生求异、求新的时间和空间，学生的创新思维就能得到拓展。

开展谐趣的课堂活动，教师要注意创设有效的活动情境，要善于激发学生的探究欲望和创新精神，让学生在和谐有趣的课堂活动中主动探究，积极学习，实现课堂教学的高效生成。

# 第七节  开展有效合作学习

开展合作学习活动是谐趣教学的重要教学手段。合作学习是一种新型的学习方式，它不仅可以使师生之间、生生之间更有效地进行语言交际，而且还可以培养学生的合作意识、团队精神，进而促使学生相互学习、共同提高，有力地促进了课堂效率的提高。合作学习一般包括同伴互助合作学习、小组合作学习、全员合作学习三种主要形式。

## 一、合作学习的作用

### （一）利用合作学习，全面实施素质教育

开展合作交流有利于更好地因材施教，全面实施素质教育。学生之间的知识基础、思维能力存在着差异，怎样才能让不同层次的学生都能有所收获和发展？这是教师所关注的问题，合作交流这一学习方式能满足更多学生的学习欲望。师生之间合作交流可以密切师生之间的关系，让学生从被动学习向主动参与转化，从而形成互动合作的课堂气氛，使教师真正成为教学活动的组织者、引导者、合作者。另外，合作交流这一学习方式弥补了教师难以进行个性化教学的不足，教师将全班统一的学习活动分化为小组活动，为小组中每个学生的个性化学习提供更多的机会。同时教师由只是关注整个班级的大体发展到关注每个小组，进而关注每一个学生的学习，真正做到因材施教，有效地实施了素质教育。比如在教学"认识图形"这一课，学生利用长方形、正方形纸片、三角板、钉子版、皮筋、小棒和直尺等材料，分组讨论探究，开展摸、猜、比、量、折、议等多种形式的小组活动，拓宽了学生参与的范围，让每一个学生得到锻炼的机会，体验到成功的喜悦，感受到学习的乐趣，激发了学习的兴趣。这样，把每一个同学吸引到课堂上来，各个层次的学生的学习欲望得到满足，综合素质得到培养，真正做到全面实施素质教育。

### （二）组织合作交流，切实提高课堂效率

合作交流是提高课堂教学效率的有效手段。小组合作学习给学生提供了

一个展示自己的平台。在合作交流中，学生之间的争辩，彼此观点的不断碰撞，使每一个学生对知识的理解更加深刻，让有争议的问题变得明确。学生在这个过程中不仅充分表现自我，而且在与他人交流中学会接受他人、欣赏他人、取长补短。课堂上的交流与合作，使学生获得了平等学习的机会和权利，学习的兴趣提高了，自信心也增强了，学习效果自然也提高了。如在教"圆的认识"这一课时，教师改变以往一问一答的教学方式，把学生分成若干个学习小组，开展自主探究、合作交流活动。首先让学生分组画圆，初步体会圆的画法及特征。然后交流画圆方法，让学生通过比较讨论两个问题：一是画的圆的位置相同吗，为什么？二是画的圆的大小相同吗，为什么？最后学生通过交流后发现：圆心决定圆的位置，半径决定圆的大小。

分组探究活动可以给学生更多的思考空间，将问题全面有序地思考好、组织好，这样，学生对问题的来龙去脉才真正地了如指掌。

在解决问题的过程中，师生进行合作，讨论交流，畅所欲言，发表见解。合作交流可以给学生更多的机会，大胆地发表自己的见解，使课堂成为"海阔凭鱼跃，天高任鸟飞"的学习乐园，学生在交流中了解到他人解题的思路和方法。而且，教师通过学生的表达真正了解学生知识的掌握程度，是否对问题有不同的看法，哪些方面还存在问题，同时也使教师在教学中做到有的放矢，设计出行之有效的教学模式，提出更多有利于引导学生掌握知识、加深理解知识的问题。由于及时反馈了存在的问题及原因，学生的问题得以纠正和解决，提高了课堂教学效率。

### （三）引导合作交流，深入激发创新思维

数学课堂的教学是师生共同学习的平台，是师生交流数学知识的空间。在传统的数学课堂教学中，教师总是高高在上，把书本上的知识、结论填鸭式地塞给学生，学生只有听的权利，没有机会发表自己的见解，主动性自然而然地受到扼制，更别说与同学交流了，这样的数学课堂让学生感到枯燥无味，久而久之，学生产生厌学的情绪，势必阻碍他们思维的发展。所以我们教师应把课堂还给学生，把传统的填鸭式教学的沉闷课堂变成学生自主交流与合作的"众言堂"，让学生感受到他们才是课堂的主人。

如在教学"平均数应用题"时，设计了这样一道题："2015 年 4 月至 6 月张叔叔家的电费依次是 210 元、243 元、267 元，他儿子去交 7 月份的电费，准备了 250 元，你认为够吗？为什么？学生通过合作交流后得到以下几种解法。（1）（210+243 + 267）÷3 = 240 元，前三个月平均每月的电费是 240 元，按这个平均数来看，7 月份节省一点，电费可以不超过 250 元，从这来看，带 250 元是够的。（2）单从每个月来看，最后一个月的电费超过了 250 元，这可能是天气逐渐转热的原因，七月份会更热，需要更多的电费，电费有可能超过 250 元，那么准备 250 元是不够的……这是生活动中常见的问题，分组讨论让学生在合作交流中不断发现新的问题，提出新的问题，并解决问题，培养了学生的思维能力。在这种课堂中，学生大胆质疑，勇于释疑，学生的思维是活跃的，知识是巩固的，应用是灵活的。

**（四）运用合作合力，培养团队精神**

个人的能力是有限的，很多工作需要团队合作才能完成。只有运用合力，善于合作，才有强大的力量，才能把蛋糕做大，把事业做强。现在大多数学生都是独生子女，最缺乏的就是团队精神，而合作交流是培养学生团队精神的有效途径。合作学习的过程也是小组成员之间的互相帮助、互相纠正、互相督促、互补提高的过程。学生在相互帮助、相互尊重、相互关注的过程中，学会与他人合作学习，学会从同伴处获取信息，发现同伴独特的思维方式与不同的解题方法，举一反三，融会贯通，同时经过小组成员的共同努力，更容易获得成功，更能激发学生的成就感和荣誉感。所以，在数学教学中要实践新课标，开展合作学习。通过合作学习，学生的学习任务由过去的个体化转向个体化与合作化相结合，学生的合作意识、团队精神得到了培养。

比如在巩固练习的活动中，为了充分发挥学生的主体性，我经常给每一个小组的组长若干张题目卡，以小组为单位开展竞赛。这种学习形式让每个学生都有展现自我的机会，同时每个组员的成绩直接影响小组的荣誉，学生的合作意识得到提高，团队精神得到培养。

**（五）设计合作活动，全面增强交往能力**

有这样一个比喻"倘若你有一种思想，我也有一种思想，而我们彼此交流这些思想，那么，我们每个人将各有两种思想。"这个比喻告诉我们这样一个道理：如果几个人在一起交流自己的知识、思想，就会促进每个人多学到一点儿东西。当今的社会，交流能力是一种重要的能力，所以培养学生的交流能力是课堂教学迫切需要解决的问题。而在教学中开展合作交流活动，有利于培养学生的这一能力。

如在教学"圆的周长"这一课时，学生通过小组合作，发现可以用绕绳法和滚动法测量圆的周长，再借助讨论交流，学生发现绕绳法和滚动法测量圆的周长是有局限性的。然后我适时抛出"请探究出天安门圆形天坛底部的周长"这一问题。学生根据不同大小的圆形纸片测量到的数据进行小组合作、讨论交流，发现圆的周长总是直径的 3 倍多一些，并通过查找资料发现圆周率，进而发现根据圆周率和直径可以求出圆的周长，最终利用这一发现求出圆形天坛底部的周长。

### （六）安排合作练习，逐步启发学习主动性

课堂练习是小学数学教学中的重要组成部分，运用小组合作进行开放性练习，能充分调动学生的想象力，给他们较大的思维空间，使他们乐于交流，从而真正成为自主学习、合作学习的主人。

在学习过程中，有的学生很快掌握了新知，有的学生则一知半解，在教学中可以根据学生的实际来组织学生开展小组练习，让每个学生发表见解，相互启迪，实现学生与学生之间的互动。在开展合作练习的初始阶段，学生的合作意识可能不强，教师在教学中可以加强指导，并安排特定的时间，培养学生合作练习的意识。根据新课标要求，可以把教材安排的讨论题作为合作练习的素材，这样，既能加深学生对知识的理解，又能让学生学到别人的好思维、好方法，更有利于学生表达观点，发挥想象，互相启发，共同发展。

### （七）实施合作评价，强化锻炼批判思维

在课堂教学中，我经常对学生的学习做出评价，以便学生了解自己的情况，及时改正错误。在合作评价时，我要求学生认真听每个同学的发言，概括别人发言的要点，并进行分析思考，提出自己的见解。这样，学生在评价的过程中，通过对比分析，找出了适合自己的最佳方法，既锻炼了思维，又

培养了表达能力。

总而言之，在数学课堂教学中开展合作交流，对于实现"四维"目标，塑造学生健全的人格具有举足轻重的作用。所以，今天的数学课堂应努力实践新课标，积极开展师生交流与合作，让学生在轻松的学习氛围中提高学习效率、培养能力。

## 二、开展同伴互助的合作学习

同伴互助合作学习是指两个人之间的互助合作学习，也可以是一对一的师徒关系式的学习。当同伴合作完成一件任务时，他们的分享可以起到教学指导的作用。"每个人都存在于一种以他自己为中心的、不断变化着的经验世界里。"每个个体都存在着一定的差异性。在平时的教学中，虽然同时、同地、同一个人教学、同一个内容，但也会形成学习上的差异。这种差异正好形成了学习上的优势互补。而且，未来社会已越来越注重个体能否与他人协作共事，能否认真倾听别人的意见，能否及时从别人那里概括和吸取意见等。因此，在小学数学教学中，让一个成绩较好的学生帮扶成绩后进的学生，具有很多好处。

### （一）同伴互助学习有利于提高教学质量

在平时的教学中除了教师的讲授，同伴互助学习的作用是很大的。他们的年龄、知识水平、心理特征相似，所以容易拥有共同的兴趣爱好、学习方式。同伴互助学习有利于学生从同伴身上看到自己的影子，逐渐学会客观地评价他人，从而也形成符合实际的自我评价，提高自我调控的能力，促进学生主体性的发展。此外，同伴之间的讲解也更容易被接受。

### （二）同伴互助学习具有激励和榜样的作用

同伴教学是促进学习的一种方式，而且它对学习双方都是有好处的。"洋思中学"前几年在教学实践中摸索出的"兵教兵"的方法就是对这一论断的最好佐证。这里的同伴互助，不仅体现在平时优生对差生的指导，而且体现在整个教与学过程中的生生互动。心理学研究表明，同伴之间的交往对学生的智力和个性发展有着重要的作用。

同伴的激励作用主要体现在对同伴的评价上，互相评价使越来越多的学生学会欣赏同伴，而不是只盯住同伴的不足，忽视同伴的进步和优点。学会了欣赏，也就学会了评价。学会了欣赏同伴，才能自主地与同伴一起合作学习。小学生的模仿性高，可塑性强，特别是对于身边亲近的同伴。有了榜样，就有了一种自发地向榜样学习的意识，从而为自己树立一个前进的目标，向榜样追赶。

## 三、开展有效的小组合作学习

### （一）学习小组的组建

在小学数学教学中，为了提高学生合作学习的效果，一个合作学习小组以 4—6 人为宜，并且在一个小组中注意各层次学生的优化组合，优劣互补，相互促进。要使合作学习更加有效，还要注意培养学生良好的学习习惯。选取一名学生任组长。组长负责小组内成员的作业收发登记、督促本组成员完成各项任务以及向科代表或老师汇报本组奖分、扣分情况。教师对学生的奖分、扣分都以小组为单位进行计算。每周选一天进行总结，总结表彰最好由班主任组织，科任教师亦可根据学科表现进行分析、总结、表彰。将各小组奖分表张贴在黑板上，让学生随时看到自己小组的奖分和扣分情况。

要求各小组成员学会倾听，有集体荣誉感，形成"互动、互助、互勉、互进"的局面。合作学习不但要发挥组内每个人的作用，还要发挥集体的作用，注意培养每个学生积极参与小组学习活动的习惯，发挥学生参与的主体性，努力提高学习的效果。

给每一次小组活动确定明确的目标，让学生在目标指引下开展质疑探究、分析反思等活动。

每一次小组活动都要有充足的时间，让学生充分参与小组的探究、讨论活动，从而有效构建新知。

### （二）小组学习的开展

1.发挥组员监督帮扶作用

早读课后由各小组组长及时把作业收齐并交给科代表，没有交的扣分。

因为有扣分，每个小组都很快，并且交得很齐（此项由科代表扣分，教师要抽查）。如果个别学生没有交，教师要及时进行批评教育或跟家长联系。作业批改后，要对学生进行奖励，全对的奖分，书写工整的另奖分，作业及时改正的奖分，但必须全组改完才进行奖分，这样组内的成员就会互相督促，因为一个人没改完，一组都没奖分；对于作业做得很差的要扣分，这样学生就知道作业要认真完成，不能敷衍了事。教师要对学生的改正进行检查或抽查。如果没有改完，教师应严厉批评并扣分。总之，要让一个班形成积极向上的风气，借助奖分、扣分这一评价手段，激发学生的学习热情。

课堂上，充分发挥学习小组的作用，让学生督促学生，让学生激励学生。课堂上的每项活动都是以小组为单位进行奖惩，每一次的奖分和扣分都会激起学生的荣誉感和内疚感。因为个别学生表现不好而影响小组扣分，做得不好的学生就会努力改正。

2. 优化师生关系，当好合作者

在开展小组合作与交流时，教师的角色又变为一个合作者。要使小组合作真正有成效，在教学中，教师除适时地组织、引导外，还必须置身于学习小组之中，加入学生中去，在内容、时间、学生的情绪等方面适时进行调控，以达到相互学习、相互提高的目的。在这个过程中，我一般采用一种友好的、平等的合作态度，既不能过多地干涉学生的学习过程，又不能对学有困难的学生袖手旁观，要教给学生一些探索、发现的方法。同时注意培养学生的主体意识，让学生学会尊重、帮助他人、乐于倾听别人的意见但不盲从。教师还应注重在学生中营造相互信任、敢于承认自身不足和虚心向他人请教的良好氛围，使每个学生都能学会正确评价自己和他人，学会分享他人成功的喜悦。

## 四、合作学习探索的思考

### （一）合作学习不能变成形式

合作学习是重要而有效的课堂活动，同时数学课程标准中也指出："有效的数学学习活动不能单纯地依赖模仿与记忆，动手实践、自主探索与合作交流是学习数学的重要方式。"但是有些数学课堂的合作学习变成了形式，有些教师以为"合作"是课堂教学必需的形式，没有根据课堂教学的实际需要就机械地安排合作学习活动，让学生忙碌地操作、讨论、汇报等，整个课堂从表面上看是热热闹闹、异常活跃，但课后一调查，学生掌握的情况并不理想。比如：有一位教师在教学"统计"时，一上课就跟学生说："这节课，我们要统计班里同学喜欢各种水果的人数，请你们分组合作，统计出班里同学喜欢的水果，可以画图，可以数数。"活动一开始，同学们叽叽喳喳，有的说我喜欢苹果，有的说我喜欢香蕉；有的说你画得不像苹果，倒像橘子；有的说你画得太慢了，我来画；有的同学跑来跑去问其他组的同学喜欢的水果；有的趁机玩起来，整个教室乱哄哄的。半节课过去了，学生都还没有统计出来，这样的合作学习是失败的学习。其实这一环节完全没有必要用合作学习，教师只要让学生举手，就可以很快统计出喜欢各种水果的人数。同时教师让学生开展合作学习却没有明确的学习目标，只是盲目地开展。所以合作不是每一节课必需的方式，合作时机应选择在个人操作无法完成时或者应选择在学生个人独立思考有困难时。

**（二）要处理好独立学习与合作学习的关系**

在开展小组合作学习时，要正确处理好独立学习与合作学习的关系。学生合作交流的主要目的是在解决问题的过程中促进每个人的发展，培养创新精神、实践能力、解决问题的能力，发展情感、态度和价值观。因此，在合作交流学习之前要让学生先独立思考问题，每个学生有了初步想法后再进行探究、交流，共同解决问题，这样做才能给不爱动脑思考或学习有一定困难的学生提供进步的机会，对提高这部分学生的学习能力才有帮助。

合作学习能促进学生人格和心理的健康成长，有利于学生主动性和创造性的发展。同时，学生的情感、态度和价值观等方面的相应提高，能使课堂教学变得更有活力和效率。在新的课程环境下，教师必须时刻把握以学生发展为本这根主线，时刻变换自己的身份，组织有效的合作学习。正如一些学者所认为的那样："给孩子一些权利，让他自己去选择；给孩子一些机会，让他自己去体验；给孩子一点困难，让他自己去解决；给孩子一个问题，让他自己去找答案；给孩子一片空间，让他自己向前走。"

　　合作学习作为一种有效的教学方式，在合作与交流中能充分调动学生的学习积极性，真正让学生成为学习的主人，学生学得有趣，和谐发展，从而实现谐趣教学。

# 第八节 实施谐趣的体验学习

丘成桐教授说过:"数学的基础并不只是计算,更为重要的是逻辑,甚至是数学的审美;数学的基础并不只是数字,而是理解这些数字在生活中的意义……兴趣的培养,才是决定其终身事业的关键。中国式的教育往往注重知识的灌输,而忽略了孩子们兴趣的培养,甚至有的人终其一生也没有领略到做学问的兴趣。"2011年版的数学课程标准明确提出要注重学生的亲身经历和体验,以及运用知识解决数学问题,从而培养学生的实践能力和学习数学的能力。教师要把握好实践与探究性的体验学习,让学生将学到的知识学以致用,有效地培养学生的核心素养,让学生在实践体验中学会自主获取知识,提高综合能力。

## 一、创设情境,让学生在情境中体验

苏霍姆林斯基说:"掌握知识和获取技能的主要动因是最好的情境。"而体验依赖于情境,要强化体验学习的环节就必须创设具体的情境,让每一位学生在情境中观察、探索、推理等,经历知识产生和形成的过程,获得积极的情感体验。学生的注意力在很大程度上取决于对事物的兴趣,在教学中,教师应充分利用各种教学资源,创设宽松、和谐的教学情境,让学生感到数学是生动有趣的,激发学生的体验欲望,让学生体验和理解数学,感受数学的魅力。

如客都小学每年都会举行"红五月"的活动。里面有一项活动是跳蚤市场,就是每个班每个同学都准备一些东西进行义卖,最后把义卖的钱捐给福利机构,这项活动是学生最喜欢的。在活动开展前,先让学生设计一个活动方案,之后学生进行分工合作:一些学生对所有商品进行合理定价;一些学生去超市、商店采访调查,设计宣传海报,里面包含一些打折和促销手段,吸引别班的同学来购买;一部分学生当收银员;一些学生进行结算。活动内容充满情趣,既加深了认识人民币、打折促销等的相关知识,又加强了综合能力的运用，让学生感受到数学在生活中的应用价值，培养了解决问题的意识和能力。

## 二、构筑平台，让学生在探究与实践中体验

学生是教学活动的主体，是学习的主人，教师在课堂上应相信学生的能力，大胆放手让学生去做、去说，最大限度地在时间和空间上给学生自主学习的机会，只有在实践中，能力才会受到锻炼和发展。卢梭认为："通过儿童自身活动获取的知识，比从教科书，从他人之处学来的知识要清楚得多、深刻得多，而且能使他们的身体和头脑得到锻炼。"皮亚杰指出："传统教学的特点，就在于往往是口头讲解，而不是从实际操作开始数学教学。""做"就是让学生动手操作，在操作中体验数学。实践活动可以使学生获得大量的感性知识，同时有助于提高学生的学习兴趣，激发求知欲。

如教学"长方形和正方形"时，教师可根据具体教学实际设计多种探究性学习活动，引导学生认识长方形和正方形。（1）探究长方形的特点。首先，教师在黑板上画一个正方形与一个长方形，要求学生观察图形是如何画的，然后引导学生探索长方形的特点。让学生自由表达，各抒己见。之后引导学生利用事先准备的材料来量一量、折一折、比一比，发现长方形的特征。教师可要求学生先独立探究，然后小组讨论，当学生讨论结束后，教师可引导学生小组汇报探究结果。每组汇报后，其他小组可进行评价与补充，最后教师点评，板书结论。（2）探索正方形的特点。引导学生借助已有的正方形纸通过量一量、比一比、折一折等方法进行探究。学生动手操作，并小组讨论交流，教师巡视指导。当学生汇报探究结果后，师生共同评价与小结。（3）探究正方形与长方形的异同点。让学生思考："借助观察、猜想与验证等方法，我们获得了正方形与长方形边与角的特点，那么正方形与长方形有何异同点？"要求学生讨论交流，并选出代表汇报结论，而后师生小结。

## 三、联系生活，让学生在生活中体验。

数学是生活中的一部分，是人们生活、劳动和学习不可缺少的。因此，数

学内容必须与学生的生活实际相结合。在教学中，教师要把教材与现实生活有机结合起来，要使学生体会到数学离不开生活，体会到数学的用途，才能把数学与生活挂上钩，更好地理解和掌握基础知识，并运用所学的知识解决实际问题，减少学生对数学的畏惧感和枯燥感。这对于培养学生对数学的浓厚兴趣、探索意识、应用意识和实践能力具有重要意义。

如一位教师在教学"设计秋游方案"时，先引导学生："同学们，秋天到了，又到了我们秋游的日子了，学校决定带大家到欢乐世界游玩，那么在旅游前我们要做什么准备呢？"通过调查，学生提出了要先做好租车、门票、午餐、设计旅游路线、买食物等准备，然后让学生以小组为单位，选择一个感兴趣的问题，课后去收集相关的资料，并在课堂上展示他们的解决方案。因为这是一个真实的情境，来自学生的生活，学生都很感兴趣。有些小组是解决门票问题的，他们从网上收集到门票价格：成人每张 160 元；儿童每张 80 元；团体票 10 人以上（含 10 人）有八折优惠。然后他们用学到的数学知识解答：我们年级有 160 名学生，10 名老师，如果按个人票 $160 \times 10 + 160 \times 80 = 14400$ 元，如果按团体票可打八折，$14400 \times 80\% = 11520$ 元，从比较中知道买团体票比较划算；有些小组是解决租车问题的，他们先在网上和一些旅游公司调查，了解到一辆大巴车能坐 50 人，每日租金 1000 元；一辆中巴车能坐 20 人，每日租金 550 元。学生通过计算得出，如果都坐大巴车（160+10）÷50=3（辆）……20（人），剩下的人租 1 辆中巴车，租金是 $1000 \times 3 + 550 = 3550$ 元；如果都坐中巴车（160+10）÷20=8（辆）……10（人），租金是 $550 \times 9 = 4950$ 元，通过比较得出租 3 辆大巴和 1 辆中巴比较划算。通过实践活动把数学知识与平时的生活实际紧密结合起来，学生的观察、操作、思考有了现实的依据，学生的数学知识得到全面、综合、灵活地运用，同时学生的实践能力得到提高，并深切感知数学的应用价值，增强学习的动力和自信心。

## 四、创设氛围，在合作交流中体验

合作交流是一种重要的生活手段，在学生的课堂学习中也应当有较多的合作交流活动。南京师范大学课程与教学研究院张华院长曾说过："探究世界有两条途径，途径之一：提出问题、获取证据、形成解释、评价解释、交流解释；途径之二：倾听、观察世界，反思、体验世界，描述世界。而实践活动本质上是一种解决问题的研究性学习活动，在解决问题的过程中，需要学生独立思考、自主探索，教师应该尊重学生的自主性，让学生在探索中掌握思维的方法，培养学生的创新思维。

以教学"包装的学问"为例：

**（一）谈话导入**

师：（教师先出示生活中一些美丽的包装给学生欣赏）每到节日我们都会给别人送一些小礼物，所以包装在我们生活中的应用非常广泛，"六一"儿童节快到了，老师想给我广州的侄女寄两盒糖果，两盒糖果包在一起，怎样包装最漂亮，怎样包装最节约用纸……这些都是关于包装的学问。你们能帮老师解决这个问题吗？（板书：包装的学问）那你们认为两盒糖果怎样包装才能最节约包装纸，能说说你们的想法吗？

生1：要使包装纸最节约，就要使包装后的表面积最小。

生2：先看一下有几种包装方案，然后算一算每种方案的包装面积就知道了。

生3：我不计算也能知道。

**（二）动手实践，提出猜想，验证猜想**

教师拿出课前准备好的磁带盒当作糖果盒，让学生动手摆一摆，看有几种包装方式？小组合作，自主探究，并进行交流汇报。

生1：测量长、宽、高的长度进行表面积计算。

生2：用两个长方体的面积和减去重合的面积。

生3：只算重合的面积，再进行比较，重合的面积越大，表面积就越小。

……

师：通过刚才的操作，你们有什么发现？有什么规律吗？

生：我发现要使包装纸越少，就要让重合的面积越大。

师：刚才这位同学发现了"要使包装纸越少，就要让重合的面积越大"

这一规律。这种规律是否是包装的普遍规律呢？下面我们再进行新的探究。

**（三）综合实践，巩固提升**

师：如果老师现在有4盒糖果，你们能想到几种包装方式？哪种包装方式最节省呢？下面请小组合作，设计一个方案来解决这个问题。

生1：测量长、宽、高的长度进行表面积计算。

生2：用四个长方体的面积和减去重合的面积。

……

学生通过自己的研究发现：重叠的面积越大，重叠的面越多，表面积越小，越节省包装纸；进一步发现在包装问题中，当所包装的长方体的长、宽、高相等或最接近时，表面积最小，最节省包装等等。

**（四）全课总结，拓展延伸**

师总结：不要小看包装这个小问题，里面的学问可真不少，在实际生活中、在包装的过程中还要考虑什么因素呢？有兴趣的同学还可以继续深入地研究关于包装的学问。

这节课主要放手让学生自主地进行探索和研究，在研究的过程中，感受数学的趣味性和挑战性，并体会数学与生活息息相关。

总之，体验学习的教学是建立在"知行统一"的学习观上的，让学生从自己熟悉的生活背景中发现数学，在探究过程中体验数学、体验生活，从而培养学生的数学情感，培养学生的创新精神和实践能力。

# 第九节 现代信息技术辅助谐趣教学

现代信息技术支持下的学习环境已有了很大的转变，学生可以根据自己的需要，选择对自己有用的学习内容。丰富的学习资源，能调动学生的学习主动性和积极性。因此，教师要善于借助现代信息技术，把现代信息技术融入学生的学习过程中，构建现代信息技术支持下的谐趣教学。

## 一、借助现代信息技术，整合教学形式

传统的教学以"教师教，学生学""教师说，学生听"的形式为主，这种单一的教学形式大大局限了学生的学习能力和学习积极性。教师要善于借助现代信息技术，优化教学手段，整合教学形式。借助现代信息技术，可以创设灵活多样、形象生动的教学手段，比如借助图形的移动、闪烁、同步解说、定格和色彩变化等手段来展示教学内容。在运用现代信息技术的同时，加上教师精辟的讲解与启发，再结合学生的质疑讨论、合作探究，使学生身临其境地感受和观察，从而掌握新知。如：在教学"有趣的测量"时，教师用课件出示长方体盒子、魔方和各种不规则物体，让学生观察，然后问学生："你们能计算哪些物体的体积呢？"学生不假思索地说出：长方体的体积等于长乘宽乘高，正方体的体积等于棱长乘棱长乘棱长；还有的学生说，长方体或正方体的体积等于底面积乘高。教师及时给予表扬和鼓励，接着，又抛出一个问题："像石块、土豆、红薯这些不规则的物体，不能用公式计算体积，怎么办呢？同学们，这就是我们这节课要探究的问题'有趣的测量'。"动画演示"乌鸦喝水"的情景，让学生找到测量不规则图形的方法。这一环节从学生已有的知识出发，借助现代信息技术创设情境，有效地激发了学生的求知欲望，引导学生创造性地探究新知。

## 二、借助现代信息技术，整合课程内容

我们可以借助现代信息技术丰富学校的教学资源库，建立教案库、图片

库、课件库、试题库、视频演示库，甚至链接其他学习网站、素材网站，借助这些丰富的资源整合课程内容，使学生的学习内容更加丰富、形象，更具时代气息，更贴近生活，使学生的学习兴趣更加浓厚，涉猎的知识面更广，使教材"活"起来。

例如在教学"数据的收集和整理"一课时，我首先让学生通过查书籍资料、上网等各种途径进行数据的收集和整理，课上让学生代表利用投影汇报他们收集的材料：有的是我校各班级学生人数的统计，有的是自己家里用水量的统计，有的是某一年全市交通事故死亡人数的统计，有的是奥运奖牌的统计……除此以外，我还让学生在学校的网站上下载多样化的统计素材。借助信息技术，整合了这一节的教学内容，给学生展示了大量的图文并茂的、富有教育意义的、有说服力的数据统计材料。通过教学，学生不仅认识到了统计的作用与重要性，而且成功地接受了一次爱祖国、爱科学、爱数学的思想教育。

### 三、借助现代信息技术，实现高效学习

数学学科具有抽象性和枯燥性，加上学生的年龄特征决定了学生的注意力具有不持久性，因此，往往教师讲得口干舌燥，眉飞色舞，而学生却不肯听讲，身在课堂心在外，一堂课下来，学生收获甚微。在现代信息技术条件下，我们可以借助微课解决这一难题，实现高效学习。

#### （一）借助微课实现分层教学

由于学生的发展具有不平衡性，不同的学生接受新知的快慢不同，如果教师讲解多遍，优秀学生就会感到无聊，势必影响他们的学习积极性；如果只是一遍带过，中下层的学生势必没有掌握，不懂的知识越积越多，对数学就会越来越没有兴趣。传统的教学模式很难实现真正意义上的分层教学，教师的授课主要是针对班里的大部分同学，很少顾及优秀生和学困生。借助微课，学生可以根据自己的实际需要观看学习视频，优秀生只看一遍，而学困生可以反复观看，直至理解，真正实现了分层教学。

除了新知的学习以外，教师还可以把不同类型、不同层次的习题的解题

思路和方法制成习题类微课，学生根据自己的需要有选择地观看，真正实现因材施教。而课后作业也可设计成不同层次的微课练习，学生根据自己的实际情况选择题目解答，在解答过程中有不明白的，可以选择同种类型的"习题类微课"观看学习。

**（二）借助微课实现高效教学**

学生观看视频时，对于比较简单的内容可以快进甚至省略，直接进入练习，而对于比较难的，则可以反复观看。学生根据自己的实际情况确定学习的内容和进度，真正实现了因材施教。这种"教"符合学生需求，所以更能提高学生的学习效率。

同时，学生在课堂外观看微课视频，课堂上就有更多的时间交流讨论，教师也可以从讲课中解放出来，有更多的时间指导学生，在这种情况下开展小组合作学习将会有更高的学习效率。学生带着在前置性学习中发现的问题开展小组讨论，教师加入学生，引导学生开展有效讨论。小组讨论一方面让优秀生把自己理解到的讲给同组同学听，既帮助了后进学生对新知的理解，又提高了优秀生的分析思考能力和口头表达能力；另一方面，后进生在讨论过程中既可以提出自己的疑问，又可以从同伴的讲解中学会新知，还可以通过再次观看视频，把自己的新发现跟同学交流，让不同的学生都得到发展。

**（三）借助微课实现个性化教学**

微课在 5 到 10 分钟的时间里，对某一个知识点进行精辟的讲解，并让学生根据自己的情况，选择不同的学习内容进行个性化的学习。比如，在教学"长方体的表面积和体积"的内容时，我为学生准备了一系列有关"长方体、正方体的表面积和体积"的微课视频，学生在课堂上登录学校网站，根据自己的实际情况和兴趣爱好有选择地观看。他们有的选取"长方体的表面积"，有的选取"正方体的表面积"，有的选取"长方体的体积"，有的选取"正方体的体积"……因为各取所需，互不干涉，每一个学生都感到新奇，学习的积极性都很高，每一个学生都有不同的收获，真正做到面向全体，因材施教。

微课作为移动学习时代的一种教学手段，使课堂教学得以延伸至课后，使数学教学灵活机动，学生可以根据自己的实际情况灵活学习，真正实现了谐趣教学。

## 四、借助现代信息技术，让学生有兴趣学习

兴趣是学习的动力，借助现代信息技术，可以创设情境，化静为动，变难为易，充分激发学生的学习兴趣。

### （一）借助信息技术实现动态情景，调动学生学习积极性

现代信息技术可以创设一个个生动有趣的教学情境，化无声为有声，化静为动，变难为易，激发学生的学习兴趣。传统教学中，学生面向静态呆板的课本和板书，难免枯燥乏味。现代信息技术的运用，克服了这一缺陷，静态的图可以像动画一样移动，且有声有色。学生在这样的刺激下，始终保持着浓厚的学习兴趣。这样就极大地调动了学生的学习积极性，收到了良好的效果。如在教学"圆的面积"时，借助现代信息技术，让学生直观感知圆可以转化成长方形，再根据长方形的面积公式推导出圆的面积公式，具体形象的演示激发了学生的学习兴趣。

### （二）借助微课实现直观教学，提高学生学习趣味性

在教学过程中，通过微课，借助鲜明的色彩、直观的图像和三维的动画，化抽象为具体，为学生创设真实生动的教学情境，实现教学的直观性。比如，在教学"圆锥的体积"时，教师如果在前面做实验，验证"圆柱的体积是和它等底等高圆锥体积的3倍"，后面的学生不容易看清楚，而借助微课，可以把验证的过程直观地呈现在每一个学生的面前，学生很快就记住了这一知识点。

总而言之，在现代信息技术的支持下，学生的学习方式具有开放性，学习过程具有互动性，学习内容具有多样性，学习时间具有延续性。借助现代信息技术，可以充分发挥学生的主体作用，构建个性化学习的教学模式，从而优化数学课堂教学，提高课堂教学效率；借助现代信息技术，可以让学生将学习从课内延伸到课外；借助现代信息技术，可以根据学生的年龄特征创

造出图文并茂、有声有色、生动形象的教学情境，学生在这种情境下，发现生活中的数学问题，主动探究，解决问题，使乐学落到实处，从而产生不可估量的学习效果。

# 第十节 "互联网 +"背景下的谐趣教学

中央电化教育馆副馆长王晓芜谈道:"技术的发展永远比人们想象的要快,创新 IT 技术和产品的涌现在为数字化教学注入活力的同时,也极大地丰富了教学资源,为学生的个性化学习提供了机会,而随着教育变革的深化,信息技术和课堂教学内容将得到更为深入的融合"。现在的课堂早已从最初的"一支粉笔一张嘴,一块黑板一本书"的传统课堂过渡到了多媒体教室的网络课堂,并正在向移动课堂发展。在这个过程中,课堂教学模式和学习方式都发生了巨大的变化。虽然信息技术改变了教学模式,但是教师作为学习引导者的身份以及以学生为主体的教学根本是不会改变的。"互联网 +"背景为学生提供了更为灵活、个性、自主的学习机会。一方面,使学生的学习资源变得更加丰富,另一方面,学习空间也不再局限于教室。作为小学数学教师,我们必须站在新的起点,以新的思维方式培育新时代少年。

## 一、"互联网 +"背景下的情境创设

"互联网 +"时代的教学,同样不能脱离情境教学。课堂教学中的情境创设对学生学习数学能够产生积极的影响。良好的教学情境能充分调动学生的积极性。在教学中,教师巧妙地创设情境,可以激发学生的求知热情,培养学生的创新能力。

如在教学"小数点搬家"时,可以这样创设情境:小数点来到山羊快餐店,山羊正愁眉苦脸地坐着,快餐 4.00 元一份,一个客人也没有。小数点说:"为什么没有客人呢?我得搬搬家。"小数点向左跳了一下,这时有一些小动物来快餐店了,小数点说:"看来搬家值得。那我再搬一次家吧!"没过多久,山羊的快餐店生意好极了,小数点也开心极了。听了这个故事,你们有什么问题想提吗?"这里运用信息技术创设了故事情境,吸引了学生的注意力,能够激发学生积极主动地去探求知识。

## 二、"互联网 +"背景下的自主学习

在"互联网 +"背景下，学生有了更广阔的学习空间和更多样的学习方式。教师可以运用 QQ、微信、腾讯课堂、智慧课堂、人人通网络学习空间等平台，搭建通畅的师生交流渠道，进行答疑、批阅、评价、检测、讲解等线上教学活动，教师借线上教育平台探索新的教学方法，关注学生线上教育学习情况，利用微信、"一起学""作业盒子"等平台布置学习任务、批改学生作业，及时解决学生学习中遇到的疑难，通过语音、小视频等加强学习方法的指导。

有了互联网，教师可以把定理、公式、习题等学习资源都准备好，放进资源库，学生登录资源库，根据自己的情况选取不同类型的题目进行练习，它的成功之处在于化被动学习为主动学习，化抽象为具体，化单一为多样。教师根据练习的情况，给予必要表扬和鼓励。

## 三、"互联网 +"背景下的小组合作学习

互联网时代拉近了人与人之间的距离，促进了人与人、校与校之间的合作、交流。在"互联网 +"背景下，我们要以全新的教育理念，培养孩子合作学习的精神。课程标准中明确指出：通过义务教育阶段的数学学习，学会与人合作，并能与他人交流思维的过程和结果。这就要求学生要有参与意识。加强学生在课堂教学中的合作意识，使学生真正成为课堂教学的主人，这是现代数学教学的趋势。因此，培养学生合作与交流的意识非常必要。

## 四、"互联网 +"背景下的交流评价

在"互联网 +"背景下，我们要充分运用互联网评价方式，给以学生客观、公平、公正的评价，用情感激励学生。评价能够促进学生的全面发展，使学生在获得基础知识和基本技能的过程同时学会学习和形成正确的价值观。通过平板电脑、云平台、互联网进行多元化评价的目标是让学生学会评价、学会公正地评价、学会多角度多方法地评价，就像学会学习一样学会评价自己与他人。评价的方法可以多种多样，甚至是不同的，学生可以采取不同的评价方法。

# 参考文献

[1] 吴安艳，陈继良，张泓毅．微课理念下的教师教育技能实训方案研究——以韶关学院的师范教育为例 [J].软件导刊，2013（30）.

[2] 胡铁生，詹春青.中小学优质"微课"资源开发的区域实践与启示 [J].中国教育信息化，2012（1）.

[3] 邓志伟.个性化教学论 [M].上海：上海教育出版社，2002.

[4] 李献林.个性发展教育 [M].北京：人民出版社，2007.

[5] 周小山.教师教学究竟靠什么：谈新课程的教学观念 [M].北京：北京大学出版社，2002.

[6] 陈晓端.当代教学范式研究 [J].新华文摘，2005（1）.

[7] 李如密，刘玉静.个性化教学的内涵及其特征 [J].教育理论与实践，2001（9）.

[8] 中华人民共和国教育部.义务教育数学课程标准（2011年版）[M].北京：北京师范大学出版社，2012.

[9] R·B·科兹马，L·W·贝尔，G·W·威廉斯.大学教学法 [M].蔡振生，译.北京：高等教育出版社，1987.

[10] R·柯朗，H·罗宾.什么是数学——对思想和方法的基本研究 [M].左平，张怡慈，译.上海：复旦大学出版社，2012.

[11] 夸美纽斯.大教学论 [M].傅任敢，译.北京：教育科学出版社，2014.

[12] 肖川.教师心灵读本：教师，做反思的实践者 [M].重庆：西南师范大学出版社，2009.